国公立大合格率91%! 東北の小さな人気塾が教える

大学・高校受験 勉強の方法

すぐに成果が出る!

全科目対応

進学塾「さくらアカデミー」代表
小笠原一樹

standards

はじめに

「成績が伸びない原因の99％は学習のやり方である」

これが私の信条です。

今まで20年、進学塾で講師をしてきて、学習のやり方がどれだけ重要かを痛烈に感じてきました。

間違ったやり方でいくら頑張っても、伸びません。逆に、正しいやり方で学んだ生徒は、今までと見違えたように、成績をどんどん伸ばしていきます。間違った学習法を正しい学習法に変えれば、成績は必ず上がります。

私は、青森県を中心に「さくらアカデミー」という進学塾を運営しています。青森県という名前から「田舎である」「人口が少ない」「学力が低い」、というイメージを持たれる方も多いと思います。しかし、少なくとも私の教室にいる生徒の学力は、首都圏の生徒にも負けていません。卒塾生は毎年40名程度という小さな塾ですが、正しい学習法で徹底的に学習することで、以下のような実績を積み重ねています。

・国公立大学の合格率91％（※1）
・国公立大学医学部医学科3名合格、（私立大含む）医学部医学科7名合格（※2）
・高校受験で40名全員合格（※3）
・中学受験で定員80名の公立中高一貫校に32名合格（※4）

地方から難関校に果敢にチャレンジし、合格を勝ち取っていく。この実績のベースになるのが、我々が伝えている「正しい学習法」です。私の塾生は、正しい学習法を取り入れ、大きな成果を挙げています。

学習法について考えると、ひとりの男子生徒が、入会面談に来てくれたときのことを思い出します。彼は高校2年生で、面談に持ってきてくれた成績表には「学年240人中224位」と書いてありました。

その後、彼は私の塾に入会し、正しい学習の仕方を学び、精一杯努力しました。その結果、高校2年の時点でE判定だった国立大学に逆転合格。それればかりか、大学入学後の試験で「学年1位」を取ったことを、LINEで連絡してくれました。

彼は大学に合格しただけではなく、受験を通じて「正しい学習法」を身につけました。そのため、大学に入ってからの応用化学でも、トップレベルで戦うことができています。

私の教室からは、毎年E判定、すなわち「志望校を再考すべき」と判定された生徒が、何人も逆転合格を勝ち取っています。学校の先生に報告したら「受かった？嘘だろ!?」と言われた生徒もたくさんいます。そんな事例が、毎年起こっています。

先ほどの生徒もそのひとりです。

なぜ塾生は急に成績が伸びるのか？　逆転合格を勝ち取るのか？

理由はただ、ひとつだけ。**「学習のやり方」を変えたからです。**

間違った学習法で頑張っても、成績は伸びず、更なる不幸を生むばかりです。成績の上がらない学習法は、いまだにたくさん生き残っていて、学生の成績がなかなか上がらない主な原因となっています。

そんな間違った学習法を減らし、生徒たちの成績を伸ばすために今回、この本を書きました。

私は大手塾・個人塾の両方で、今まで多くの成功と失敗を経験してきました。このことは、何よりも大きな財産だと思っています。

ですから、この本にある学習法は想像や理論だけで書かれたものではありません。「私はこれで合格しました」というような、自分ひとりの経験だけを参考に書かれたタイプの学習法でもありません。

頑張っているのに成績が上がらないことに悩んでいる**多くの生徒の役に立ち、かつ実行しやすい学習法だという自信があります。**

間違った学習法で学んでいた生徒が正しい学習法で学ぶと、成績は必ず上がります。

出会ったときに定期テスト5教科合計200点だった生徒は、次のテストで合計391点を取り、その後も成績を伸ばし続け、地域トップ高校に合格しました。

共通テストの国語評論で50点満点中6点しか取れなかった高校3年生の生徒は、3ヶ月後の本番で47点を取りました。

同じく数学ⅠAで100点満点中4点だった子は、本番で85点を取りました。

工業高校に入って中学レベルの英語しか学んでいなかった女子は、人気国公立大の「英文読解型小論文入試」で合格を勝ち取りました。


成績を上げたいときに、やるべきことはたったひとつ。**間違った学習法を、正しい学習法に変えること。**それだけです。

今までのやり方を変えるのは、とても嫌なことです。しかし、それが人生の成功につながると思えば、些細なことです。学習法が変われば、人生が変わります。今日から、成果の出る学習法で学んで、人生を変えましょう。


自分が現場で実践してきた学習法と、今まで数多くの学習法の本に書かれていた内容を、わかりやすく一冊にまとめました。皆さんの成績向上に直結するでしょう。ぜひご覧いただければ幸いです。

興味のある保護者の方々、生徒のみなさん。拙いながら、全力でサポートさせていただきます！


（※1）２０２０年度大学入試実績。

（※2）２０２１年度大学入試実績速報、最終実績はさくらアカデミーのＷｅｂサイトにて公開
(https://www.sakura-academy.info/)。

（※3）２０２０年度高校入試実績　偏差値70（「みんなの高校情報」より）の県立トップ高・国立高専他を含みます。

（※4）２０２１年度中学入試実績速報。

Contents

第1章 今すぐやめるべきNG学習法と正しい学習法［初級編］

第2章 今すぐやめるべきNG学習法と正しい学習法［上級編］

Contents

第4章
机に向かう気持ちになる裏技7選

Contents

第6章 塾長が答えます！「勉強の方法」Q＆A

[書籍コーディネータ]
小山睦男(インプルーブ)

[カバーデザイン]
金井久幸(TwoThree)

[本文デザイン・DTP]
髙橋美緒(TwoThree)

[カバーイラスト]
マツ／PIXTA

第1章

今すぐやめるべきNG学習法と正しい学習法［初級編］

いくら頑張っても「勉強の方法」が間違っていたら成績は伸びません。逆に、正しければ少しの努力でもぐんぐん成果が出てきます。まずはみなさんがよくやりがちな「NG学習法」の具体例と、その解決法からお伝えします。

1

成績が上がらない子のノートと、上がる子のノート

第1章では、今すぐやめれば成績が伸びる「NG学習法」の解消方法についてお伝えします。まずは、以下にご紹介する「生徒のノート」をご覧いただきたいと思います。いずれも私の塾に通っている生徒たちのノートの実物の紙面、もしくはそのリメイクです。

正しい学習法で学ぶことができているかどうかは、ノートを見ると一目でわかります。

どのようにやり方を変えると成績が伸びるのかという問題の答えは、これらのノートの中にあります。

NGノート❶

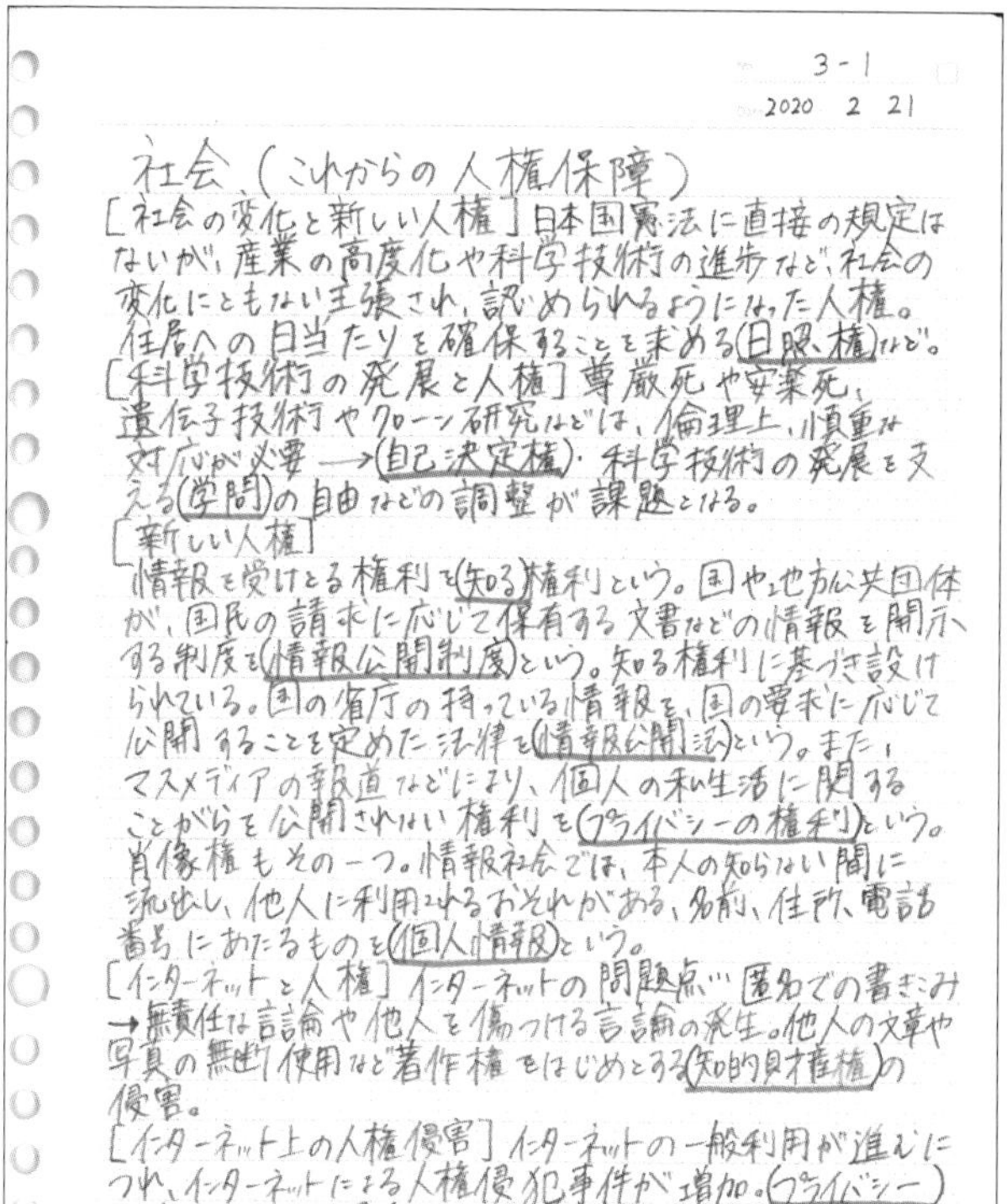
3-1
2020 2 21

社会（これからの人権保障）
［社会の変化と新しい人権］日本国憲法に直接の規定はないが、産業の高度化や科学技術の進歩など、社会の変化にともない主張され、認められるようになった人権。住居への日当たりを確保することを求める(日照権)など。
［科学技術の発展と人権］尊厳死や安楽死、遺伝子技術やクローン研究などは、倫理上、慎重な対応が必要 →(自己決定権)・科学技術の発展を支える(学問)の自由などの調整が課題となる。
［新しい人権］
情報を受けとる権利を(知る)権利という。国や地方公共団体が、国民の請求に応じて保有する文書などの情報を開示する制度を(情報公開制度)という。知る権利に基づき設けられている。国の省庁の持っている情報を、国の要求に応じて公開することを定めた法律を(情報公開法)という。また、マスメディアの報道などにより、個人の私生活に関することがらを公開されない権利を(プライバシーの権利)という。肖像権もその一つ。情報社会では、本人の知らない間に流出し、他人に利用されるおそれがある、名前、住所、電話番号にあたるものを(個人情報)という。
［インターネットと人権］インターネットの問題点…匿名での書きこみ→無責任な言論や他人を傷つける言論の発生。他人の文章や写真の無断使用など著作権をはじめとする(知的財産権)の侵害。
［インターネット上の人権侵害］インターネットの一般利用が進むにつれ、インターネットによる人権侵犯事件が増加。(プライバシー)の侵害と名きそん（他人の名誉が傷つけられる行為）が多い。

- 字は丁寧で見た目はキレイだが、ワークをそのまま写していて、書く分量が多く、時間効率が悪い
- 真面目で一生懸命だが、時間のわりに成績が上がらない子に多く見られるノートのタイプ

NGノート❷

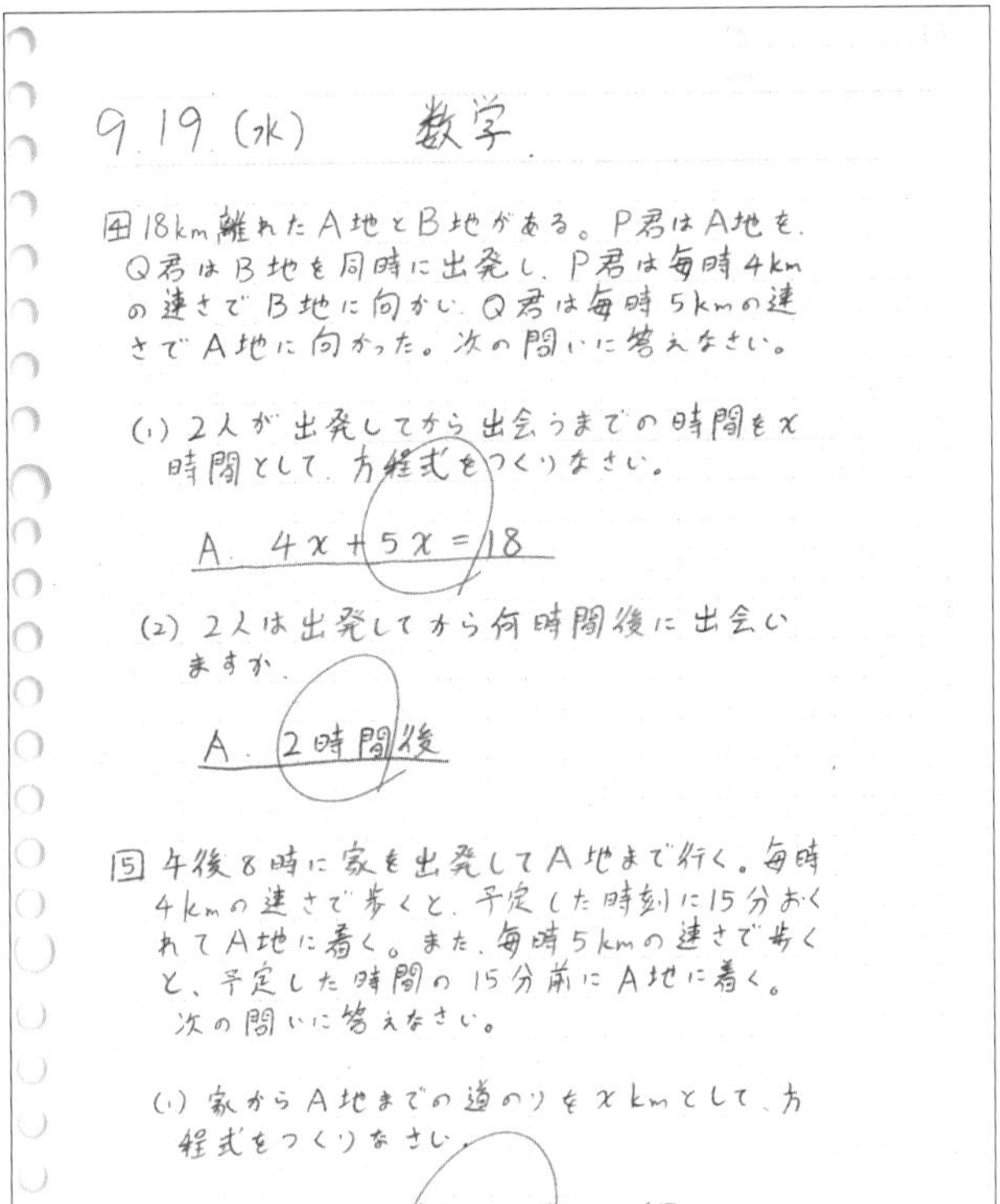
9.19（水）　数学

四 18km離れたA地とB地がある。P君はA地を、Q君はB地を同時に出発し、P君は毎時4kmの速さでB地に向かい、Q君は毎時5kmの速さでA地に向かった。次の問いに答えなさい。

(1) 2人が出発してから出会うまでの時間をx時間として、方程式をつくりなさい。

A. $4x+5x=18$

(2) 2人は出発してから何時間後に出会いますか。

A. 2時間後

五 午後8時に家を出発してA地まで行く。毎時4kmの速さで歩くと、予定した時刻に15分おくれてA地に着く。また、毎時5kmの速さで歩くと、予定した時間の15分前にA地に着く。次の問いに答えなさい。

(1) 家からA地までの道のりをxkmとして、方程式をつくりなさい。

A $\frac{x}{4}-\frac{15}{60}=\frac{x}{5}+\frac{15}{60}$

(2) 家からA地までの道のりを求めなさい。

- 問題文を書き写していたりと、時間のムダが多い
- 言われたことはしっかりやるが、成績が伸びない子に多いタイプ

OKノート❶［数学定期テスト2回連続100点の生徒］

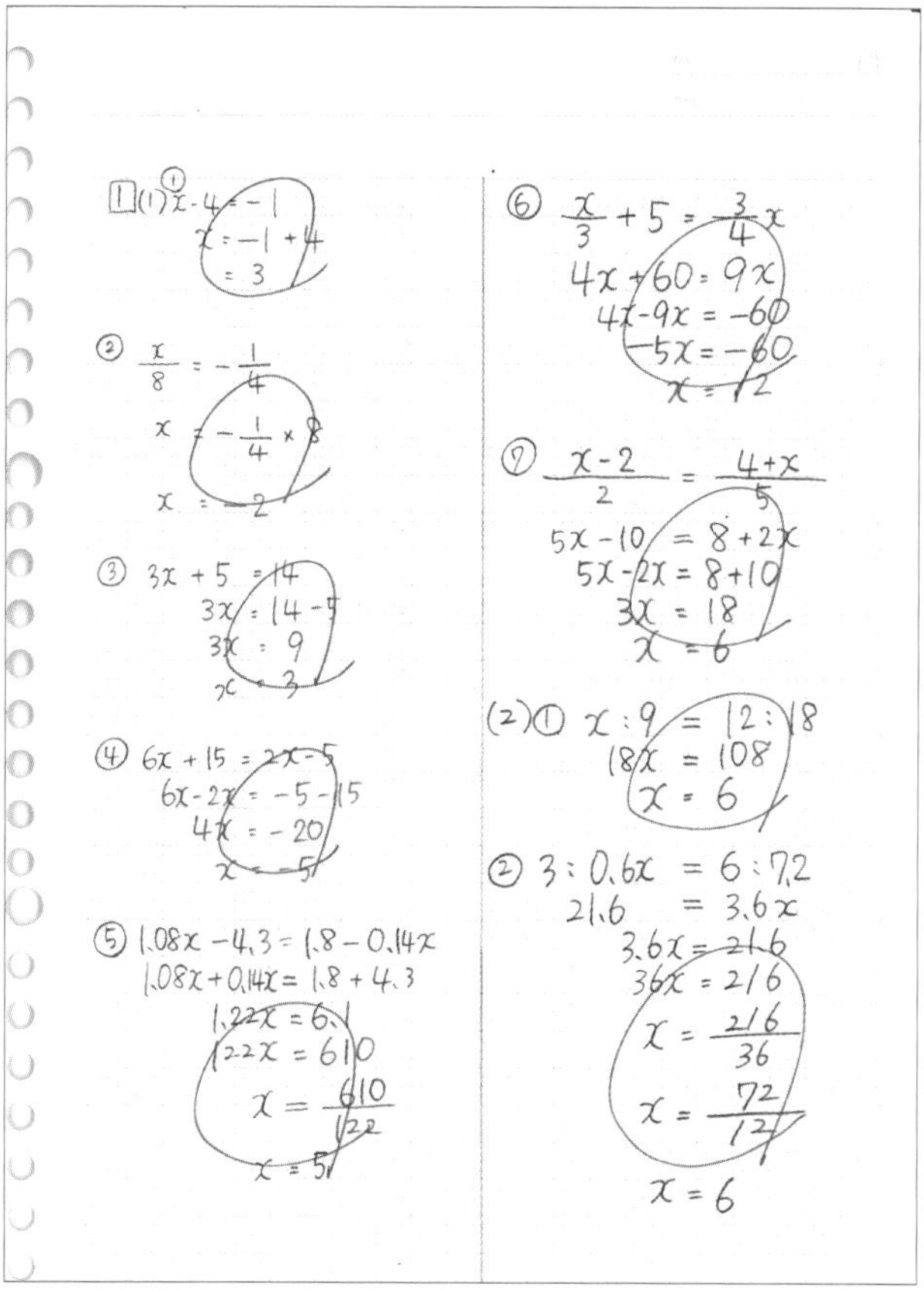
1 (1) ①
$x-4=-1$
$x=-1+4$
$=3$

②
$\frac{x}{8}=-\frac{1}{4}$
$x=-\frac{1}{4}\times 8$
$x=-2$

③
$3x+5=14$
$3x=14-5$
$3x=9$
$x=3$

④
$6x+15=2x-5$
$6x-2x=-5-15$
$4x=-20$
$x=-5$

⑤
$1.08x-4.3=1.8-0.14x$
$1.08x+0.14x=1.8+4.3$
$1.22x=6.1$
$122x=610$
$x=\frac{610}{122}$
$x=5$

⑥
$\frac{x}{3}+5=\frac{3}{4}x$
$4x+60=9x$
$4x-9x=-60$
$-5x=-60$
$x=12$

⑦
$\frac{x-2}{2}=\frac{4+x}{5}$
$5x-10=8+2x$
$5x-2x=8+10$
$3x=18$
$x=6$

(2) ①
$x:9=12:18$
$18x=108$
$x=6$

②
$3:0.6x=6:7.2$
$21.6=3.6x$
$3.6x=21.6$
$36x=216$
$x=\frac{216}{36}$
$x=\frac{72}{12}$
$x=6$

●イコールの位置がそろっている
●分数の分母・分子を1行ずつ分けて書いている
●計算過程を省略していない

OKノート❷［学年トップ常連の生徒］

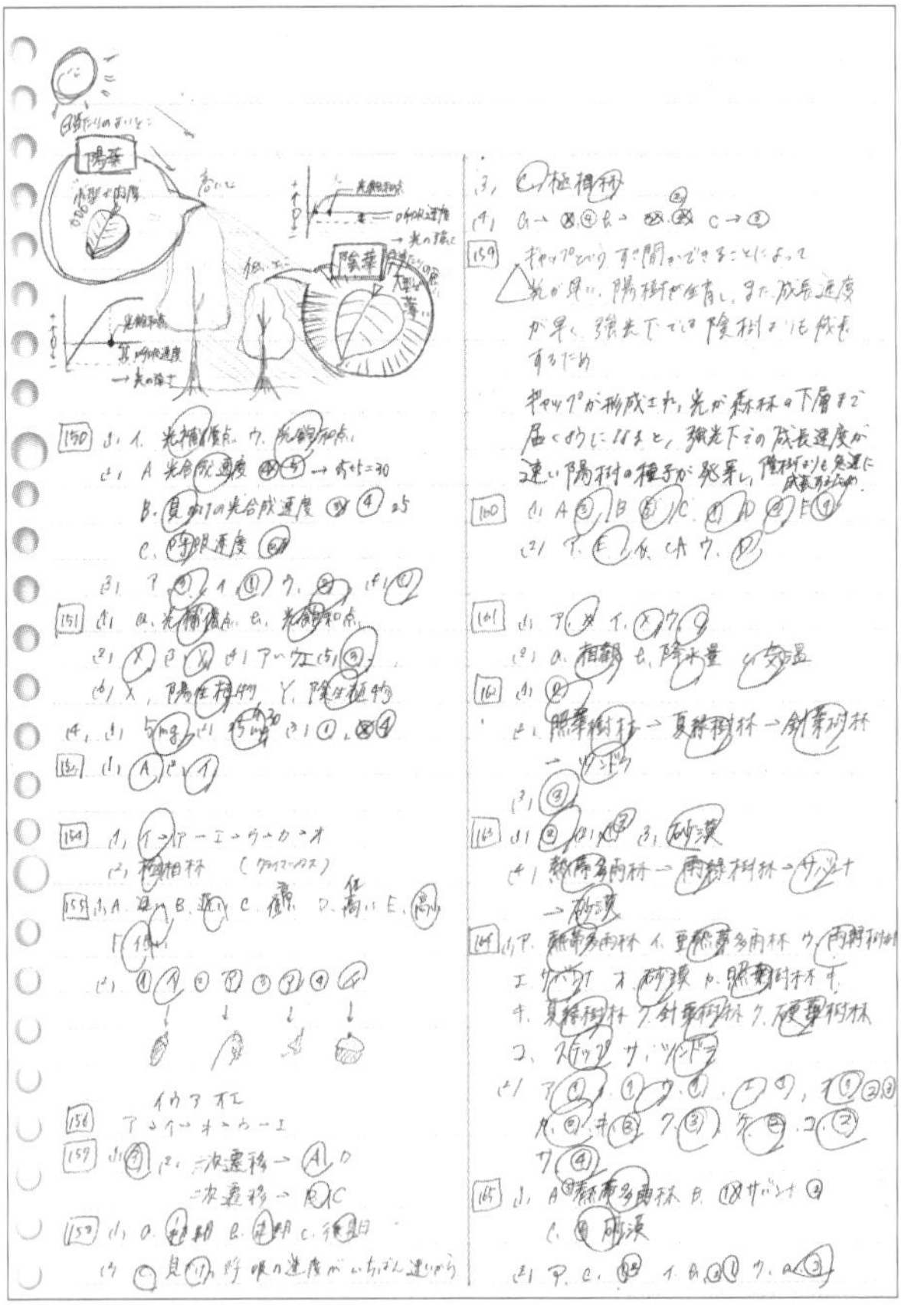

●答えだけを書いていて時間効率が良い

●間違ったところをやりなおしている

●どこが間違ったか見やすい

なぜ一見きれいにまとまっている、17ページのノートがNGなのか？
18ページのノートで問題文を書き写しているのが、なぜよくないのか？
逆に20ページのノートで答えだけを描き込んでいるのが正解である理由は？
第1章を読んでいただければ、その理由をわかってもらえると思います！

2

NG 学習法❶

参考書や教科書をノートにまとめるだけ

NG理由　ノートにまとめただけでは、成績は上がらない

○正しい学習法

「問題を解く時間を増やす！」

用意するもの　学校のワークや、自分のレベルに合った問題集

コツ　なるべく「問題を解く時間」を増やす！

「授業を受ける・テキストを読む・ノートまとめ」＝これを「インプットの時間」とします。

「問題集を解く・過去問を解く・テストを受ける」＝これを「問題を解く時間」とします。

学習において最も重要なのは、それぞれの時間のバランスです。伸び悩んでいる子は「インプットの時間」が多すぎる可能性があります。

つまり、頭の中に詰め込むだけ詰め込むのはいいのですが、それを実践に活かす余裕がなくなっているのです。

「インプットの時間」を減らし、「問題を解く時間」を増やしましょう！　それぞれの比率を「3：7」くらいにすると、成績が上がります！

泳ぎ方の本を読んだだけで、泳げるようにはなりません。

野球の本を読んだだけで、野球ができるようにはなりません。

それと同じで、授業を聞いただけ、参考書や教科書をノートにまとめるだけでは、テストで点が取れるようにならないのです。しかし、「授業を聞く」「ノートをまとめる」だけの学習で、テストに向かおうとする生徒は、驚くほど多い。

できるようになるためには、スポーツと一緒で、反復トレーニングを続けることが最も効果的です。

なるべく問題をたくさん解き、実践力を身につけていくことが大事なのです。

また、積極的に「テストを受ける」ことは特に成果が上がるといわれています。「テスト」により記憶が強化されることを**「テスト効果」**といい、多くの心理学者などによる研究成果により証明されています。

最近の研究では、「テスト」は「記憶を強化」だけではなく「忘却をスローダウン」させる効果もあることがわかっています。学習能力を上げるにはテストを受けることが最適、ということです。

学習法のプロである教育者のコリン・ローズ氏は、自著の中で「インプット」と「テスト」のバランスをどのように測れば最も成果が出るか、という実験を試みています。結果として、「インプット」よりも「テスト」に2倍以上の時間を費やしたほうが、学んだことは忘れにくいということになりました（『コリン・ローズの加速学習法実践テキスト』ダイヤモンド社／２００４）。

心理学者のジェフリー・カーピックとヘンリー・ローディガー三世は、実験を通じて、普通に勉強するよりも勉強の後に自己テストをするほうが、はるかに学習効果が高いことを実証しました。彼らは自国の教育現場でテストがあまり行われていないことを「テストの怠慢」とし、間違った指導のやり方だと指摘しています（「Test-Enhanced Learning」Henry L.Roediger, III, and JeffreyD. Karpicke ,2005）。

これらの実験結果と、現場塾講師としての経験則を踏まえると、インプットの時間と問題を解く時間を、それぞれ「３：７」にすることが最も学習効率が高いといえます。

「3：7」が、最も効率よく成績が伸びる学習の黄金比です。学習効率を高めたい人は、この黄金比を意識して学習してください。

以前、さくらアカデミーで講演を行っていただいた元代々木ゼミナールのカリスマ英語講師・坂木利信先生も、講演内でこの比率を強調していました。

成績が伸びない生徒はだいたい、「インプット＝7：解く＝3」とか「インプット＝10：解く＝0」くらいになってしまっているのではないでしょうか。学習内容が「授業を受けただけ」「参考書を丸写し」「英単語や漢字をひたすら書き写す」という、インプット一辺倒になってしまっている子は意外に多いのです。これでは、絶対に成績は伸びません。

さくらアカデミーでも、毎週「単元テスト」を行っています。**成績向上のポイントは「テストの時間」を確保すること。**お子さんの成績に悩んでいる保護者の方々は、一度チェックし、見直してみてください。急に効果が上がるかもしれません！

Point

黄金比は「インプット3：テスト7」！
問題を解く時間、テストをする時間を増やそう!!

3

NG学習法❷

問題集を1周しかしない

NG理由

人間は必ず忘れる。「反復」し、定着させよう！

○正しい学習法

「問違えた問題は必ずもう一度解く！」

用意するもの　マーカー2本

コツ　できるようになるまで、しっかりやりきる問題集を1回だけ解いて、あとはまったく手をつけずに放置している子も多いです。これは正しい学習法とは言えませんね。ここで、ワークや参考書を解くときのやり方の一例を紹介します。「2色マーカーメソッド」です。

「一度問題を解いて解きっぱなし」ではなく、以下の通りに解き進めてください。

【2色マーカーメソッド】

1　まず問題集を1周する。

解答は問題集に直接書き込むのではなく、ノートに書く。

2　正解した問題を黄色のマーカーでチェックする。

3　黄色で塗れなかった問題だけ解く。

4　「3」で正解した問題を赤のマーカーでチェック。

5　赤色で塗れなかった問題だけ解く。

わからなかった問題のみを解きなおすようにしていくと、学習効率が高くなります。

本当はすべての問題を復習するのが一番いいのですが、受験を間近に控えた受験生やテスト前の生徒たちがすべて一から復習するのは、時間的にも体力的に厳しい。重要なところに絞って、一度間違えた問題を優先的に取り組みましょう。

1週間経ったら、赤の問題だけをもう一回解きなおし、知識のメンテナンスをしてください。

間違ったときに、答えをノートに赤ペンで写す生徒が多いです。例えば、数学の記述問題を、最初からすべて丸写しする。これは「やったつもり」の典型で、意味がありませんので、やめましょう。

必ず自力でもう一度解き直すことを徹底しましょう。新しい問題集を買ったり、新しい問題集に手を出すよりも、今の問題集を完璧に仕上げたほうが、成績は上がります。

Point

新しい問題よりも、「できなかったところ」の反復!!

4

NG学習法❸

模試やテストの復習をしない

NG理由　模試で間違った問題は「宝の山」

○正しい学習法

「「分析ノート」をつくろう！」

用意するもの　ノート1冊

コツ　ノートを学校先生か、塾の講師に見てもらう模擬試験や定期テスト・実力テストを受けっぱなしにして復習しない生徒が、現場ではとても多いです。これは、本当にもったいない！

テストの復習がなぜ重要か？　**それは、テストでできなかった問題をできるように改善すると、その分だけ必ず実力がつくからです。**

テストを通して、皆さんの「できる問題」と「できない問題」が仕分けされました。ここで、「できない問題」だけを選んで、「できなかった理由」を集中的に潰してしまいましょう。

さくらアカデミーの成績上位の生徒たちは、この学習法に喜んで取り組みます。その理由は、できない問題だけを学習するのがとても効率的だと知っているからです。特に中学3年生や高校3年生は、全部の学習内容を復習しなおすには、時間がまったく足りない場合がほとんどです。できない問題が集中している単元を学習すると、次回はそこが取れるようになります。

模試をやりっぱなしで分析復習をしなかったり、分析の仕方が中途半端だったりする生徒を見ると、本当にもったいない、残念だと感じます。優れた学習ツールである模試・過去問を活用し、短期間で圧倒的な成果をあげましょう。

成績向上には「テスト」➡「分析」➡「トレーニング」の流れが最も効果的です。さくらアカデミーの塾生には、成績アップのため、テスト後の**「分析ノート」**の作成を推奨しています。

間違いには人それぞれの「傾向」があります。その傾向を知り、分析しておかないと、次に同じミスを必ず繰り返します。「分析ノート」は、無駄も多く見えるかもしれませんが、ミスはすごく減りますし、かけた手間以上の効果があります。特に国語の文章題で間違いがなかなか減らない人などは、徹底的に「分析ノート」で復習することをお勧めいたします。

ですので、「分析ノート」を作成し、必ず自己分析をしましょう。作り方は以下で説明するので、ご確認ください。

終わったら、学校の先生や塾の講師に見てもらって、アドバイスをもらうとより効果的だと思います！

とはいえ、模試や定期テストはたまにしか実施されませんし、模試は1回につき5000円くらいの費用もかかります。

もっとたくさん模試を受けて学習したい！　という生徒はどうすればいいか？　その場合はもちろん「過去問集」に取り組むといいでしょう。

Point　過去問を活用して効率よく学ぼう！

■分析ノートのつくり方

❶問違ったテストの科目・問題番号をノートに書く

問題文をそのまま書き写すと時間の無駄になるので、どうしても必要な場合や大事な図を除いては写さない。

❷間違った理由を必ず理解する

これが最も重要。講師に質問する／解説を読むなど。多くの生徒はここをサボるため、伸びない。

❸分析ノート作成を行う

教科・問題により内容は異なる。

以下に、科目ごとのサンプルを挙げるので、参考にしてみてください。

英語の文法 **間違った原因をノートにまとめる**

例

「show＋人＋物」の原則をあいまいに覚えていて、「show＋人＋to＋物」という文を作ってしまった。

⬇「show＋人＋物」を叩き込む！

ただし「show＋物＋to＋人」も正解であることにも注意。

理科・社会の知識 **間違った箇所と周辺知識を、漏れなくノートにまとめる**

例

元禄文化は松尾芭蕉。代表作「奥の細道」。ともに時代と内容が似ている小林一茶、与謝蕪村と間違わないように注意。他の元禄文化は菱川師宣（浮世絵）・井原西鶴（浮世草子）・近松門左衛門（人形浄瑠璃）を間違えないように押さえておく。（※それぞれの頭文字を取り「ヒマがイチばん」と覚える語呂合わせもある。先生に「いい覚え方、ないですか？」と聞いてみよう）。

国語の文章題 **間違った原因をもとに、次に間違わないための対策をまとめておく。間違った理由がわからないところは必ず講師に質問する。**

例 問題文指示の「ひとつづきの2文で答えなさい」の部分を読み飛ばし、抜き出し箇所を「1文」の中から無理やり探したため、正しい答えを選ぶことができなかった。

⬇問題文の指示は注意深く読む。

例 「苦笑い」の意味を勘違いし、更に本文中の主人公と夫の関係を読み違えたため、選択肢「(1) 受け入れる」「(4) 皮肉交じりに拒絶」で迷い、間違ったほうを選んでしまった。

➡山勘に頼らず、言葉の本来の意味に注意して、文脈から登場人物の関係性を正しくとらえる。

数学 解説を読んだり質問をして理解した後、答えを見ずに自力でノートにもう一度解く。計算ミスの場合は、ノートに「間違った原因」をなるべく具体的に書く。答えを赤で写すと自己満足で終わりがちなので絶対にしないこと。

例 「6＋7＝14」と筆算で計算してしまった
➡なるべく大きく書き自戒する。

以下に、「分析ノート」の実例を掲載します。いずれも、私の塾生が実際に作ったものですので、参考にしてみてください。

分析ノート❶［英語 模試分析］

英語

文法 in midnight

3.( ) the train being delayed, I arrived at the airport in time for my flight.
電車が遅れたにもかかわらず、私は飛行機の便に間に合う時間に空港に到着した。
ア. Although「…だけれども」接→副
イ. Because「…なので」接→副
ウ. In spite of「…にもかかわらず」前
エ. Owing to「…のために(原因)」前
→正解はウ

1) We (a) (b) it began to rain.
私たちは雨が降り始めるまで外で遊んだ。
① (b)のあとには S+V
→(b)=接続詞
by 前
until 接
② by と by the time は「期限」を表すので「一瞬で終わる動作」や「完了」を表す動詞
対して until は いつまで動作や状態が続くのかという「継続の終点」を表す
→の動詞を用いる
○ arrived home (家に到着した)
→「動作の完了」
○ played outside (外で遊んだ)
→「遊ぶ」という行為が一定時間続いたこと

2) The time (a) (b).
あなたが私の気持ちを理解する日がやってくるだろう
① (a) には what が入る場合、
→接「何が[を]…するのか」名詞節
関「…すること[もの]」名詞節
come は自動詞で名詞節を置けないため
(b) = when から始まるもの
② 時や条件を表す副詞節の中では will を用いない
→ この when は×副詞節
The time を先行詞とする関係副詞で形容詞節をまとめている
③ (b) = 未来のこと
→(a) = 未来のこと　時制の一致

3) He (a) the bad weather prevented (b) on the picnic.
悪天候のためピクニックに行けなかったと彼は私に言った
① (a)のあと (S) the bad weather (V) prevented が続くので
前置詞を置くことはできない
→ talked about 前 を置けない
「He told me S+V」(彼は私に…と言った)
② prevent … from ～ing
「…が～するのを妨げる」

4) (a) of people were (b) in the accident
何万人もの人がその事故で亡くなった
tens of thousands of …「何万もの…」

●正答だけではなく選択肢を全てまとめている
●例文を丁寧に整理している
●文法事項を全て復習できている

分析ノート❷ [理科 模試過去問分析]

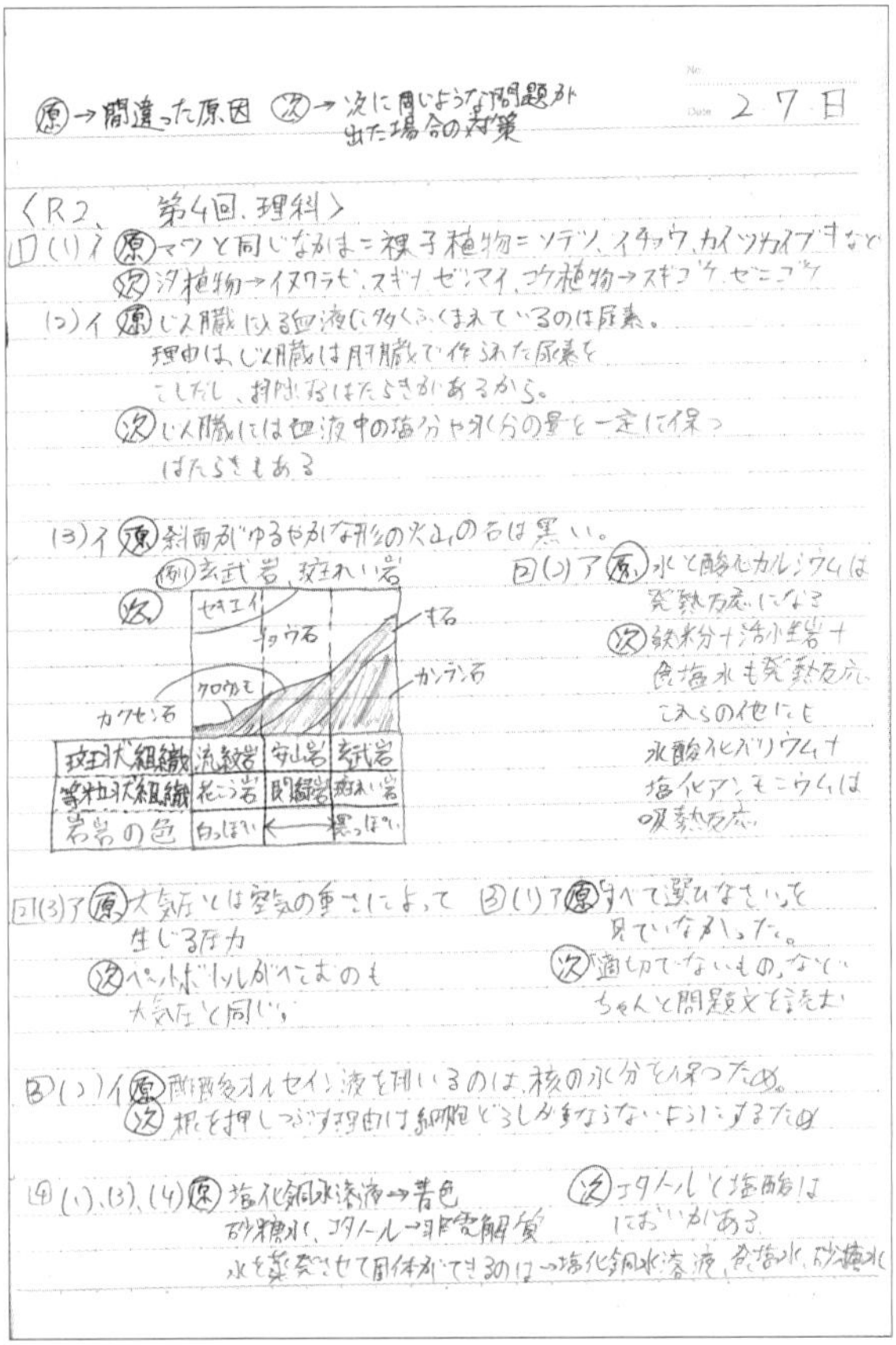

原→間違った原因　次→次に同じような問題が出た場合の対策

Date 2 7 日

〈R2、第4回、理科〉

[1](1)イ 原 マツと同じなかまは＝裸子植物＝ソテツ、イチョウ、カイヅカイブキなど
次 シダ植物→イヌワラビ、スギナ、ゼンマイ、コケ植物→スギゴケ、ゼニゴケ

(2)イ 原 じん臓に入る血液に多くふくまれているのは尿素。
理由は、じん臓は肝臓で作られた尿素をこしだし、排出するはたらきがあるから。
次 じん臓には血液中の塩分や水分の量を一定に保つはたらきもある

(3)イ 原 斜面がゆるやかな形の火山の石は黒い。
例 玄武岩、斑れい岩
次

セキエイ　チョウ石　クロウンモ　カクセン石　キ石　カンラン石

斑状組織	流紋岩	安山岩	玄武岩
等粒状組織	花こう岩	閃緑岩	斑れい岩
岩石の色	白っぽい	←	黒っぽい

[1](2)ア 原 水と酸化カルシウムは発熱反応になる
次 鉄粉＋活性炭＋食塩水も発熱反応
これらの他にも水酸化バリウム＋塩化アンモニウムは吸熱反応

[2](3)ア 原 大気圧とは空気の重さによって生じる圧力
次 ペットボトルがへこむのも大気圧と同じ

[3](1)ア 原 すべて選びなさいを見ていなかった。
次 適切でないもの、などちゃんと問題文を読む

[3](2)イ 原 酢酸オルセイン液を用いるのは、核の水分を保つため。
次 根を押しつぶす理由は細胞どうしが重ならないようにするため

[4](1)、(3)、(4) 原 塩化銅水溶液→青色
砂糖水、エタノール→非電解質
水を蒸発させて固体ができるのは→塩化銅水溶液、食塩水、砂糖水
次 エタノールと塩酸はにおいがある。

- 間違えた原因と対策を分析できている
- 図を使って知識を効率よく整理している
- ミスの理由の分析が細かい

分析ノート❸［社会 県立入試過去問分析］

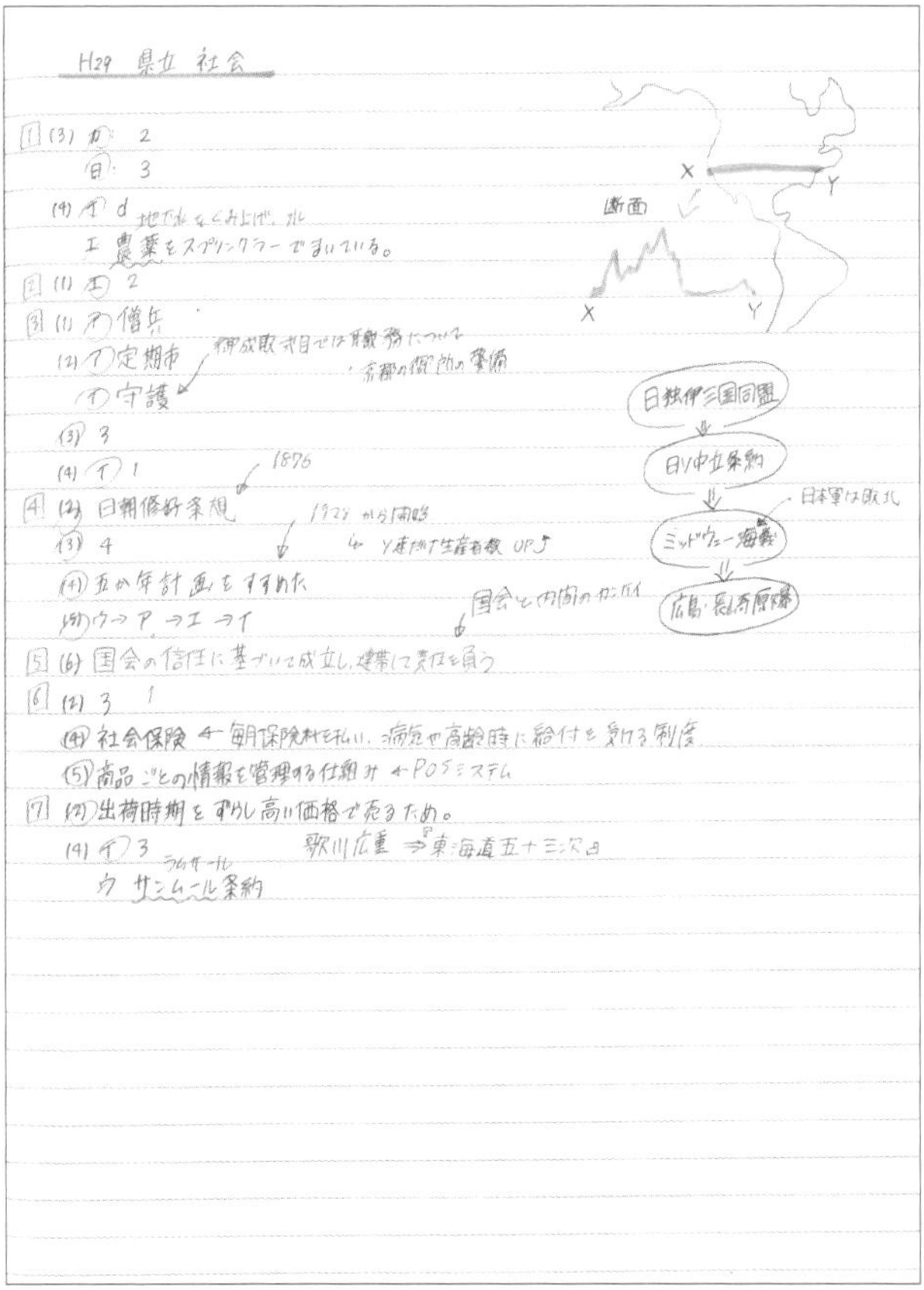

● 正答・誤答それぞれに自分でコメントをつけ、知識を増やしている
● 地図や流れを自分なりにまとめなおしている
● ムダなく最小限の時間で取り組めている

分析ノート❹［英語 ワーク分析］

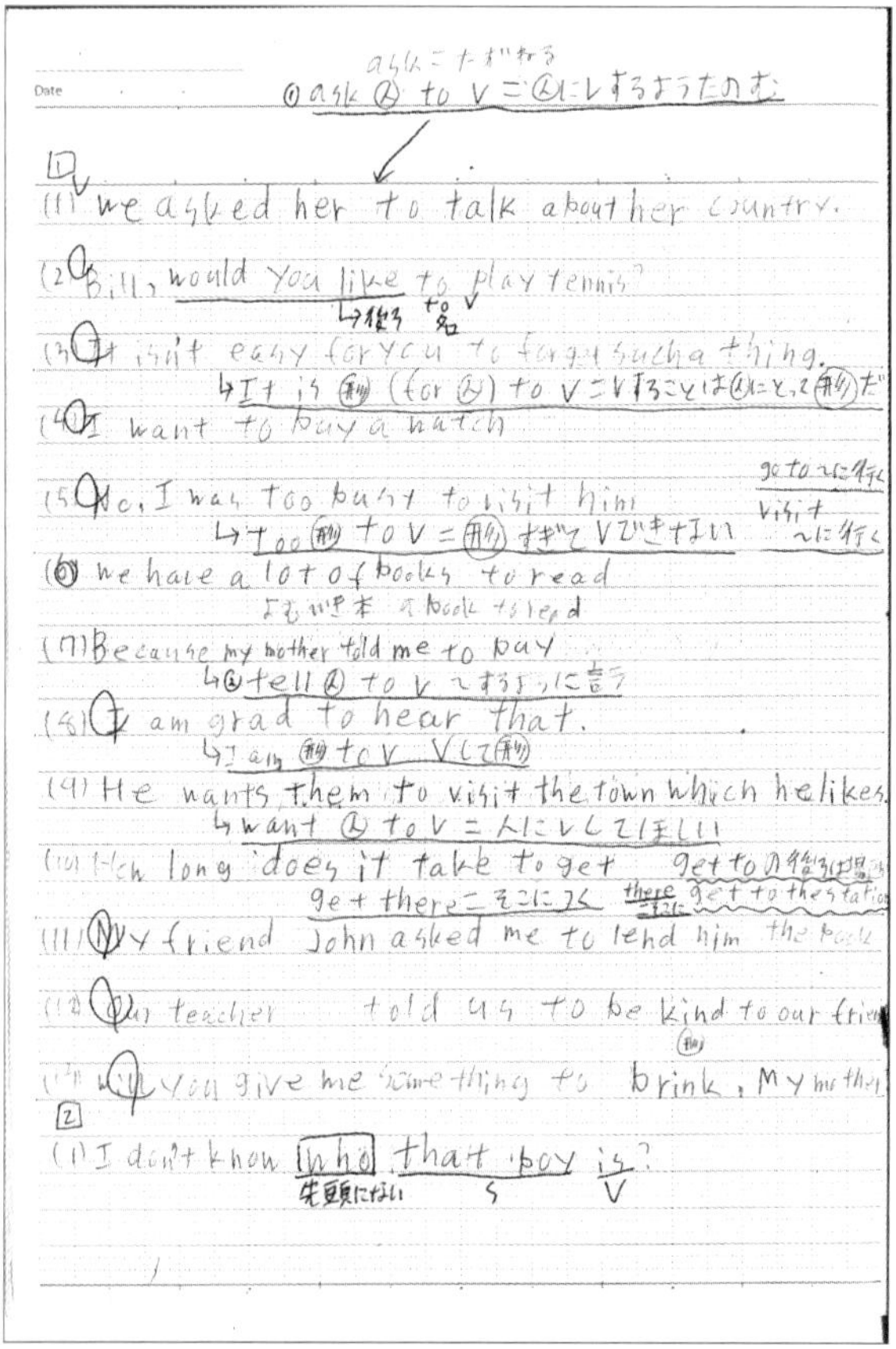
Date
①ask②to V ②に～するようたのむ
1
(1) we asked her to talk about her country.
(2) Bill, would you like to play tennis?
(3) It is n't easy for you to forget such a thing.
It is 形 (for ②) to V ～することは②にとって形だ
(4) I want to buy a watch
(5) No, I was too busy to visit him
too 形 to V ＝ 形すぎてVできない
go to ～に行く
visit ～に行く
(6) we have a lot of books to read
よむべき本 a book to read
(7) Because my mother told me to buy
tell ② to V ～するように言う
(8) I am grad to hear that.
I am 形 to V Vして形
(9) He wants them to visit the town which he likes.
want ② to V ＝人にVしてほしい
(10) How long does it take to get
get there ＝ そこにつく
get to the station
(11) My friend John asked me to lend him the book
(12) Our teacher told us to be kind to our friend
(13) Will you give me something to drink, My mother
2
(1) I don't know who that boy is?
先頭にない S V

●重要構文の要点をまとめられている
●ムダなく最小限の時間で取り組めている
●正答の問題も含めて知識をまとめ直せている

分析ノート❺［理科 ワーク分析］

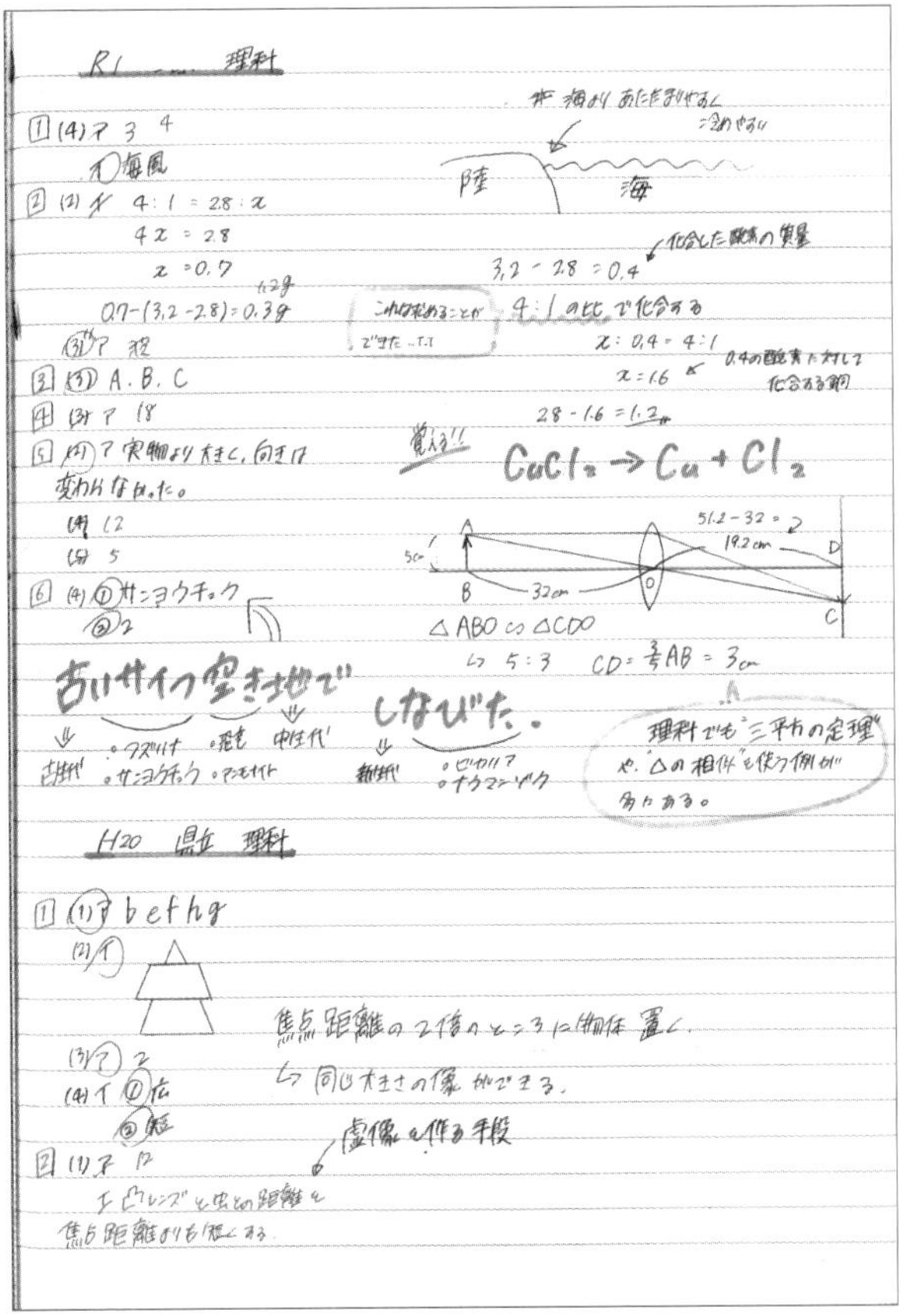

- ミスとその理由と求め方が明確
- 図を使ってまとめなおすことができている
- 工夫してインパクトが強いノートになっている

〇

補足：上位生の学習ノート例 ［世界史 参考例］

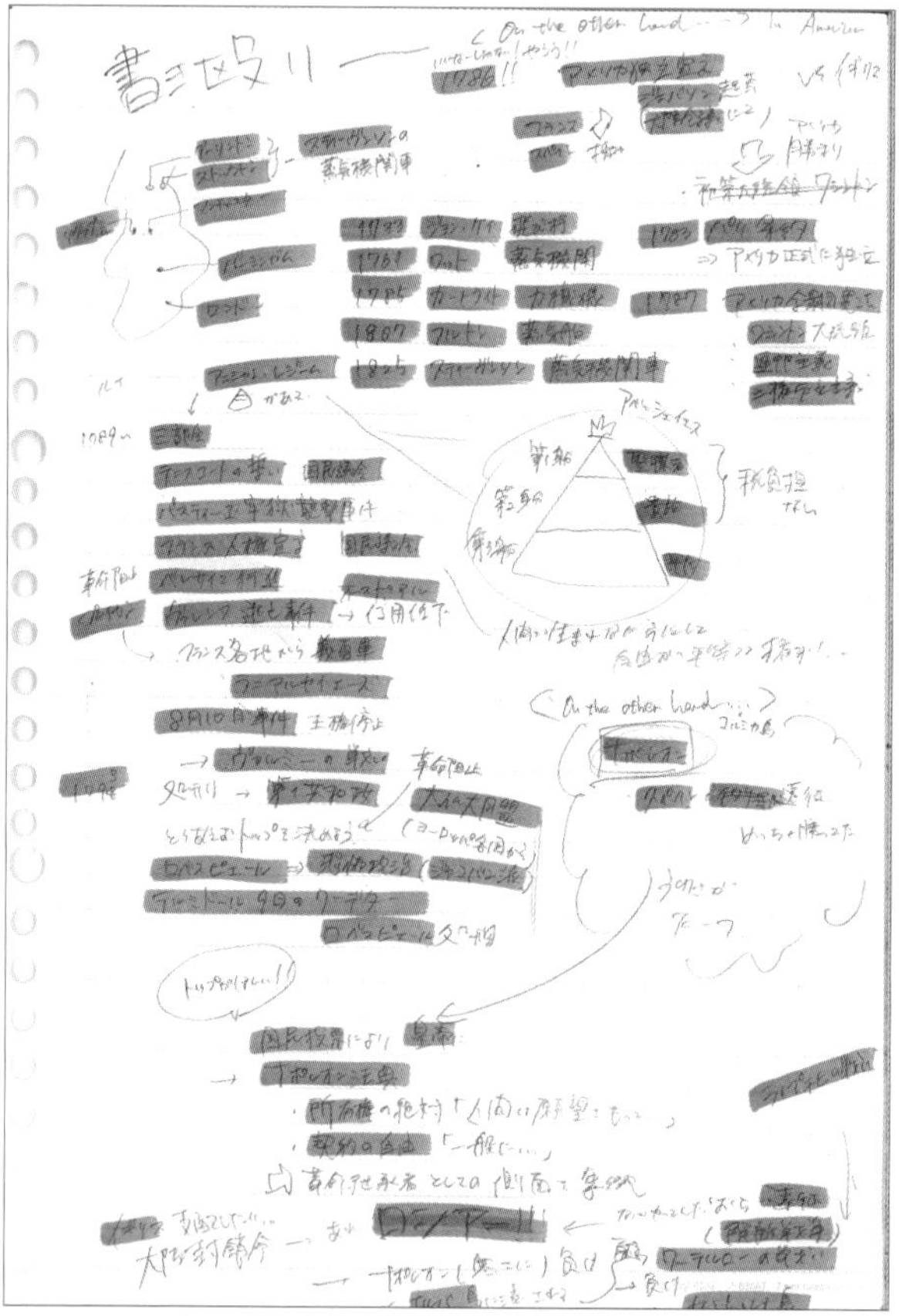

- 色分けをムダにせず、最小時間で知識を整理している
- 図を使って効率よく知識を整理している
- 周辺知識をまとめて整理している

5

NG学習法④

英単語をひたすら何回も書く

NG理由　暗記は「テスト中心」が絶対効果的

○正しい学習法

「単語テストして覚える！」

用意するもの　単語カード、白紙のノート、英単語アプリなど

コツ　毎日20分集中して「単語の暗記」に取り組む、単語に1秒以上かけない

英単語の暗記について。「1週間で30個の英単語を覚えるように」と中学生に言うと、単語が得意な子と苦手な子で学習法が違います。

苦手な子は、ひたすら単語と意味をノートに書き始めます。「station, station, station, station, station…」。次に、「駅、駅、駅、駅、駅……」と書く。それを30個の単語すべてにおいて、10回ずつ繰り返す。とても時間がかかります。

いよいよ全部の単語を書き写したその後、テストをしてみると……まったく覚えていない！　当の本人はこう言います。

「自分は単語を覚えるのが苦手なんだ」

「自分はバカだからやっても無駄だ」

それは違います！　学習法が間違っているんです！

小学校の最初の頃は、ひたすら漢字を書いて覚えろと言われたかもしれません。しかし、中学生や高校生になったら、書く作業をなるべく減らすのが学習効率アップのポイントになるのです。

また、いちいち書かなくても覚えられるようにしないと、高校入学後や英検2級以上を学習するときの単語量に追いつきません。

時間をかけてノートにまとめるだけの学習は、絶対身にならないので、やめましょう！　まずは自分を責めて終わらせないこと。「インプット3：テスト7」の黄金比を守ると、誰でも、必ず、ちゃんと覚えられるようになります。

【お勧め方法❶：テストで覚える】

「NG学習法①」で述べたように、テストをすることで英単語は効率よく覚えられます。

〈英単語のスペルを書けるようにする場合〉

1．長方形の白紙を縦に置き、真ん中で半分に折ります。

2．左半分に英単語を30個、右半分に日本語の意味を書きます。

3．5分間、眺めたり書いたりして集中して単語を覚えます。

全部一度で覚えようとしなくてかまいません。できる分だけ覚えてください。

4. 5分経ったら左半分を隠して、自分でテストをします。答えは別の紙に記入してください。

5. 採点をします。

6. テスト終了。書けた単語は、クリアです。マーカーなどで線を引いてください。

7. 5分間（もう少し短くてもOK）、左半分の英単語を再び覚えます。残った単語のみです。

8. 覚えたら左半分を隠して、テストをします。残った単語のみです。答えは別の紙に記入して下さい。

9. 採点をして、書けた単語にマーカーで線を引きます。

10. また、単語を覚えて、テストをします。以上、すべての単語にマーカーで線を引けるまで繰り返します。

11. すべての単語を消すことができたら、次の30単語に進みます。

【お勧め方法❷：赤シート作戦】

学問に王道なし。最も伸びる暗記法としては、やはり「赤シート」が一番！例えば「英単語ターゲット」シリーズ（旺文社）では、付録の赤シートで単語を隠しながら、どんどん自分で意味を発声していき、覚えているかどうかテストすることができます。時間短縮のため、書いて覚えることはしません。「1単語1秒」で次々単語を見ていくのがコツです。

赤シートがない単語帳や教科書を使う場合は、市販の「暗記用チェックペン」を使いましょう。「暗記用チェックペン」で覚えたいところをチェックすると、赤シートで隠すと消えるようになります。これで教科書・ワークなどすべて赤シート作戦が使えます。

その後、ある程度キリの良いところで、**誰かに一回、テストしてもらいましょう。** 10個テストしてもらって、答えがすべてわかればOKです。次に進みましょう満点でないときは、再テストをしてもらいましょう。

また、本だと眠くなってしまう人にお勧めなのが「アプリの活用」です。

高校生向け英単語だったら、iPhone／Androidそれぞれのスマートフォン向けに配信されている「ターゲットの友1900」がお勧めです。このアプリは自動的にテストをどんどん作成してくれるので、着実に単語を暗記していくことができます。間違えた問題だけの復習もできます。市販の英単語帳にも連動していますが、単語帳なしでもありでも、どちらでも使えます。

スマートフォンは使い方次第で「毒」にも「薬」にもなるツールです。上手に活用すると、圧倒的に学習効率が良くなります。古文単語や日本史の用語にも、有効に活用することができます。

暗記が得意な人は集中力も高いです。英単語の暗記を強化していく過程で、集中力も鍛えることができます。

集中力を鍛えることで学習だけではなく、スポーツや、将来の仕事でも、勝負どころで活躍できる人間になれますよ！

Point

単語はテストして覚えよう！

6

NG学習法⑤

質問をせずに独学に走る

NG理由
質問することで時間短縮ができる

○正しい学習法

「なるべくたくさん質問する」

用意するもの 質問しやすい学校の先生や塾の講師

コツ 質問しやすい講師を見つける！

塾講師なら全員口をそろえて、こう言うはずです。

「よく質問に来る生徒ほど、成績が良い」

一般的には逆かと思われているようです。「質問するとバカだと思われる」という生徒もいます。それはまったく違います。たくさん質問に来る生徒のほうが、成績がいいのです。成績を早く伸ばせるのです。これは勉強に限らず、スポーツでも、仕事でも、同じことだと思われます。

なぜたくさん質問をする生徒のほうが、成績を早く伸ばせるのでしょうか？

最大の利点は**「時間短縮」**です。

私自身は高校の頃、一番の苦手科目が数学でした。数学の学習をしていると、当然わからないところが出てきます。特に問題集の「解答解説」です。解説は、見た目をすっきりさせるために、問題を解いていく過程がある程度、省かれています。数学上級者はそのようなすっきりした解答の問題集を好むことが多いのです。

しかし、本当に数学ができない私のような生徒は、その省かれているところが、わからないのです。

また、私のクラスを担当した数学の先生はいつもバタバタと忙しい人だったので、なかなか質問できなかった上に、授業の内容が高度すぎてついていけませんでした。

そういうわけで、私は高校のころ、「勉強する⬇わからない⬇悩んでも、もっとわからない⬇眠くなって寝る⬇自己嫌悪」という無限ループにはまっていました。

これを「勉強する⬇わからない⬇聞く」にできていたら、どれだけ学習の効率が上がったことか。今思うと本当にもったいない時間を過ごしてしまいました。

聞くという行為は、最大の効率化につながります。まず、質問することを恥ずかしいと思わないこと。たくさん質問すればその分、学習効率も上がり、さらに先生と良好な関係を作ることができます。

わからないことに長い時間をかけて取り組むことも大切だ、という意見はあります。確かにその通りで、何でもすぐに答えを見ていては、学力は伸びません。しかし、手がまったく止まったまま、20分も30分も悩むのは、時間の無駄になることも多いのです。

少なくとも初期学習段階では、わかりやすく説明してくれる人に積極的に質問し、理解して、学習を先に進め、効率よく学んでいきましょう。

ひとつの問題に徹底的にじっくり取り組むのは、上級者になってからでOKです。質問を活用することで「時間短縮」ができます。

最近私が受けた質問の例をいくつか挙げておきます。

「素数がよくわかりません」
「be動詞がよくわかりません」
「なんで台形の面積って、この公式なんですか」
「なんで$\sqrt{4}$はプラス2だけで、マイナス2は入らないんですか」

質問なんてこの程度の内容でOKですし、講師はいつでもこんな問いかけを待っています。私たちもプロですから、どんな質問でもわかりやすく答えるようにしています。当然なことですが、質問に来た人を下に見たり、追い返したりすることはありません。
ですから、皆さんも先生や講師に遠慮せずに質問するようにしましょう！

Point
「教え方が自分に合う先生」に、たくさん質問！

7

NG 学習法❻

スマホを机の上に置いたり、テレビをつけたままで勉強する

NG理由
SNSが集中力を奪う

○正しい学習法

「学習するときは機内モード」

コツ
スマホを使う時間と使わない時間を分けること

恐ろしいデータをひとつ、お話しします。

一度SNSのメッセージを受けて、集中力が切れてから、再び集中力が戻るまでに要する時間は「23分」。

つまり、LINEのメッセージを受け取ってから、また脳が働き始めるまでに、23分の時間がかかるそうです。

成績が伸びないとお悩みの皆さん、勉強しながらLINEをチェックして、返信したりしていませんか？　これは即座に、やめてください！

毎日3時間勉強しているという人でも、もし20分おきにLINEを見るようなやり方をしていたら、残念ながら、**集中して学習できている勉強時間は「ほぼゼロ」です。**

極端な言い方をすれば、単に勉強したつもりになってしまっているだけです。

学習時間、スマホの電源は絶対オフにする。それだけで成績は絶対に上がります！

どうしても近くに置いておきたい方は「機内モード」にしましょう！

また、テレビを見ながらの学習も、脳科学的に、百害あって一利なし。理由は一度に複数のことを処理する状態になり、作業効率が落ち、脳にもダメージがたまるからです。こちらもすぐにやめたほうがいいですね。

Point

勉強中はスマホもテレビもオフ！

8

NG学習法❼

赤ペンで答えを書く

NG理由 赤ペンで答えを書いても得るものはない

○正しい学習法

「答えを見ないでもう一度解く！」

コツ もう一度解くためのノートがもう一冊あるとベター

数学のワークを1周解き終わった後、ほとんどの生徒が答えを赤ペンで「丸写し」しています。こちらは意味がないので、絶対にやめたほうがいいでしょう。

答えを赤ペンで丸写しするのではなく、**解説を読んで理解したら、答えを見ないでもう一度解く**のです。これをやらない限り、成績は伸びません。

Point

必ず「答えを見ないで」もう一度解く！
それでもできなければ、もう一回！

9

間違った学習法が広まる理由❶
一部の大人による誤った強制

間違った学習法が広まる理由は大きく2つあります。

理由の1つ目は、正しい学習法をわかっていない大人が意外に多いこと。


「自主学習ノートは隙間なく全部埋めなさい」

「問題を解くときは問題文もノートに写しなさい」

「英単語や漢字は20回書いて覚えなさい」

以上は、私の塾生が学校の先生から「〝こうしなさい〟と言われた」という実例です。

これらはすべて「間違った学習法」です。

正しい学習法を以下に並べていきます。

×ノートを隙間なく埋める

○ノートはなるべく隙間をあけ、余白をとる

学習中に気づいた内容をメモしたり、計算ミスや綴りミスを記録して傾向をつかむ必要がある。

×問題文をノートに写す

○なるべく書く量と時間を減らす

問題文を写すのはムダな作業。学習効率を上げるのが成績向上の基本。

×英単語や漢字は何度も書いて覚える

○問題を解く時間を増やし、単語カードやスマホアプリを活用して見て覚える

脳から知識を取り出す訓練をしないと点数は上がらない。書く量はなるべく減らす。

以上が99％の生徒に当てはまる、効率の良い、正しい学習法です。

間違った学習法で困っている生徒のみなさんには、悪いのはあなたたちではない、と言いたいところです。指導者の腕が悪かっただけです。

どうか自分を責めずに、ここから学び方を正しい学習法に改善してほしいと思います。

（付け加えると、もちろん、成長段階に応じて指導法は変わります。例えば小1・小2だったら、正しい書き方を身につけるために何度も漢字を書くのはとても重要。時期と状況によりますので、迷う場合は学校の先生か塾の講師に相談してみましょう！）

10

間違った学習法が広まる理由❷

1%の例外的な天才を信じてしまう

理由の2つ目は、「1%の例外的な天才を信じてしまうこと」。

私の高校の先輩に、「数学は教科書を読んだだけで筑波大学に合格しました」という人がいました。

その後、多くの周りの人が「教科書だけでいいんだ！　参考書などやるな！」「教科書だけやれば受かる！」と言い始めました。

たしかにそのやり方で成功する人もいるかもしれません。しかし、普通は違います。一般的な受験生は、まず教科書で基礎を学んだ後に、その大学に適した問題集を活用し、反復して地道に演習を積み、必要な学力の準備をしていくのです。それが正しい受験対策です。過去何百万人の先輩たちはみんな、そうやって合格してきたのです。

教科書はもちろん重要です。しかし、それだけで合格できるのは、極めて稀なケースです。問題集も併用し、しっかり演習を積むべきだと、本当は教師がきちんと説明すべきなのです。

1回だけ、1人にだけ起こったような事例を、化学の世界では「サンプル数1」というそうです。

「サンプル数1」というのは、統計において、価値がないに等しいデータです。実験サンプルは多ければ多いほど良く、また多くの個体で再現できることが必要です。

にもかかわらず、なぜか学習法については一見聞こえの良い「サンプル数1」事例が正しいとされ、広まってしまうことが多いのです。

本書の中では「1%の例外」「天才的な学習法」を紹介することを避けています。「1%の例外」は、「99%の普通の生徒」に対して有効な学習法ではありません。

そうではなくて、「99%の普通の生徒」が揃って成績を伸ばせる学習のやり方は絶対に存在しますし、この本ではそれを伝えていきたいと思っています。「サンプル数1」は思い切って、無視しましょう。

私は今までの経験と、数多くの先輩方の書籍から学んだ内容をまとめ、それを本書で伝えたいと思っています。正しい学習法を見失っている生徒の皆さんを救い、もっと効率のいい学習でさらに成績を上げたいと、願っています。

間違った学習法の呪縛から、今こそ解き放たれるときです。

「正しい学習法」という一生使える最強の武器で、夢を実現させて行きましょう。

【英語の学習法について】

例えば英語の教師の中でも「英単語なんて覚えなくていい」「長文の中で文脈から判断できるし、英語は文脈で読まないと意味がないから」という人が結構いるようです。英語に苦しんでいる生徒はもちろん「やったー！ 単語の勉強しなくていいなんて最高！」と飛びつきます。

私はこれには反対です。わからない単語が1つや2つなら良いですが、1つの問題の中に6つ以上わからない単語があると、その問題はかなり読むのがしんどくなる。したがって文脈から判断どころではなくなることが多くなるのが、たいていのケースだと思います。

しかも高校英語の中級以上ともなると、そもそも新しい英単語に出会う可能性が少ない。「mammal」（哺乳類）、「skeptical」（懐疑的な）、「retrieve」（取り戻す）などという単語は、例えば定番の「英単語ターゲット１９００」（旺文社）ならパート2の中にあり、中級レベルになる単語ですが、これらは30個ぐらいの長い英文を読んで、一回出会うかどうかの単語だと思います。滅多に出会わない英単語を、長文の中で覚えるというのはさすがに無理があります。一度覚えて薄い記憶になったとしても、間違いなく次に出会う頃には忘れているでしょう。

結果として、最初にまとめて一塊の英単語として覚えてしまうほうが、効率的かと思います。最初に覚えてから、知識のメンテナンスとして、長文を読みながら出会った単語の意味を確認するのです。

文脈判断は最後の手段。やはりある程度は単語力がないと、長文読解を進めることに難儀することになるでしょう。

11

学習時間と成績は比例しない！

多くのみなさんは、成績が左上の図のように伸びると考えていることでしょう。

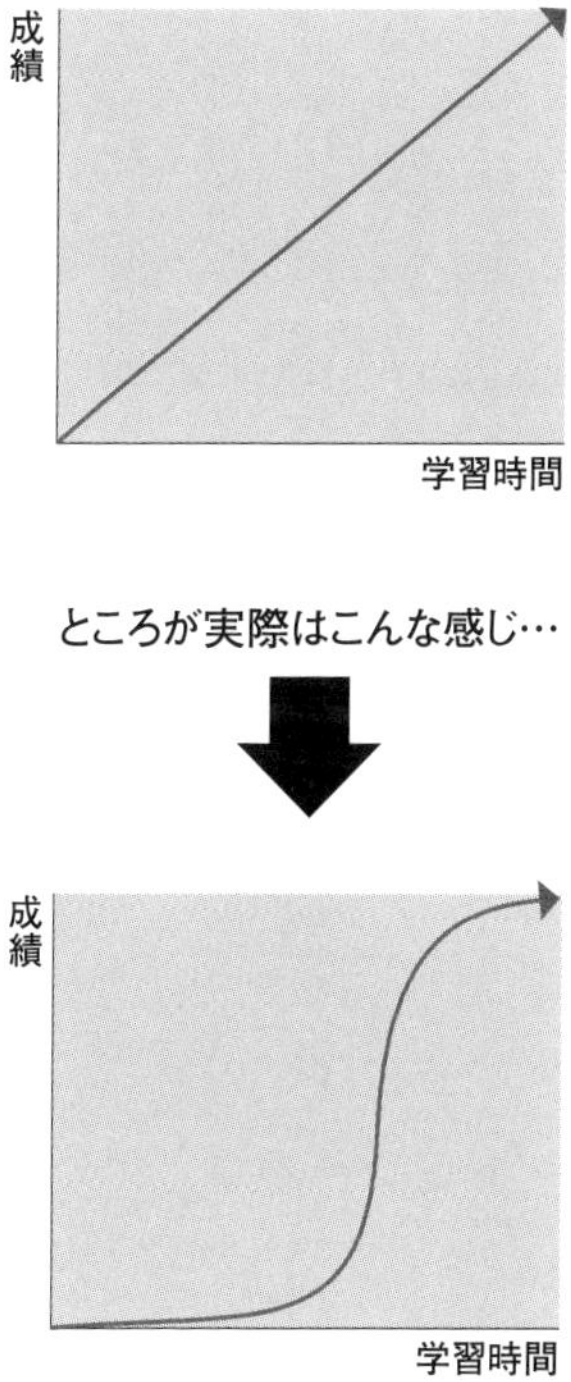

つまり、**しばらくは「頑張っても伸びない期間」が続くのです。**これは「知識の穴を埋める」期間です。

例えば高校入試の英語などでは、全範囲からまんべんなく出題されるので、受験勉強をはじめたばかり、中1と中2の復習を徹底的に進めている段階では、あまり急激な成績の伸びはありません。

基礎が仕上がってきた段階で、ある日突然、過去問がサクサク解ける時期を迎えます。

ですので、いま頑張っているけどなかなか伸びないという人は、**決してあきらめないように。**

今までの知識の抜けを復習し終えて、一つ壁を越えた瞬間、必ず成績の「特異点」「爆発点」がやってきます。

正しい学習法で、焦らず急がず、解けなかった問題をじっくりと時間をかけて復習することで、必ず成績は上がります。なかなか結果が出なくても、あきらめずに自分の力を信じて、真面目に、学習に取り組んでください。

【難関大を目指す方へ】

ちなみに難関大を目指すには、その先にある「2つ目の壁」を超えることが必要となります。ですから、「直前で半年だけ頑張った」では、とうてい合格できません。

たとえば、数学の学習レベルが上がっていく4段階としては、次の流れが考えられます。

- **1段階　教科書例題や簡単な計算問題が解ける。**
- **2段階　1行問題や難しめの教科書例題が解ける。**
- **3段階　パターン演習を積み重ねれば対応可能な問題が解ける。**
- **4段階　論理的思考力・知識の自由自在な組み合わせが必要な問題が解ける。**

私の感覚だと、共通テストや偏差値60代くらいの国公立大数学までは、「3段階」までで十分に合格点を確保できると思います。言うまでもなく合格点には難問を解く必要はなく、解くべき問題を解き切ればボーダーは取れるため、それほど難問の対策は必要もないためです。

ただし、それ以上となると、4段階目が必要なのではないでしょうか。3段階と4段階の間に、とても分厚い「2つめの壁」があるのです。日本史・地理や化学・物理など、他の教科も一緒だと思います。

直前でいきなり難関大を目指し始めても届きません。高校2年生から、計画的に準備を進めていきましょう。

第2章

今すぐやめるべき NG学習法と 正しい学習法 〔上級編〕

前章で今までの「勉強の方法」の間違いはわかりましたか？ ここからはさらに、優秀な生徒でも間違いがちな「ＮＧ学習法」について解説していきます。伸びるか伸びないかの差は、これらの学習法の見なおしができるかどうかにかかっています。

12

NG 学習法❽

単元別に並んでいる問題集だけ取り組む

NG理由 単元別に解くのとバラバラで解くのは、難易度がまったく違う

○正しい学習法

「ある程度仕上がったら過去問題演習！」

用意するもの 過去問をなるべくたくさん

コツ 間違った問題を必ず復習すること

解きやすいからと、単元別に並んでいる問題集だけを、集中して取り組む生徒がいます。

単元別の問題集（「1章　時制」「2章　助動詞」「3章　準動詞」……などとなっているもの）は、初期学習では効果がありますが、それだけでは本番で点は取れません。

単元別にまとまっている問題を解くことと、実戦形式のようにすべての範囲からバラバラに出題される問題を解くことは、難易度がまったく違うためです。実戦形式のほうが5倍くらい難しいですが、このやり方で練習を積まないと、結果につながりません。

学習に最も効果的な学習ツールは「過去問」と「模試」です。過去問を入試直前まで取っておく生徒もいますが、本当にもったいないことです。過去問や模試を経験し、自分と志望校までの距離を正確に把握してからのほうが、効果的に学習を進められます。

ざっと基礎ができあがっている生徒であれば、そこからの学習は、過去問を解き、特に出来の悪かった部分だけを、単元別問題集で取り組む、という形で良いと思います。

また模試や過去問を復習しない人も多いですが、復習は絶対にやるべきです。模試は全教科受けると、6時間くらい取られます。この6時間分の学習時間は、復習をしないと「ほぼムダ」になってしまいます。

逆にしっかり復習すると、3倍くらいの付加価値が生まれます。

Point

過去問は最強の学習ツール！
過去問を中心に、問題演習の時間を増やそう！

13

NG学習法⑨

絶対答えを見ないで1問をとことん悩みぬく

NG理由　わからない問題をいつまでも悩んでいるとその教科が嫌いになる

○正しい学習法

「初級者は3分手が止まったら答えを見て理解！」

用意するもの　分析ノート

コツ　苦手科目は最初から完璧にしようと思わないこと

「わからないときは頭を使って考えろ！　絶対にすぐ答えを見るな」

高校時代の私は、数学の先生にこのように言われ、真面目に言いつけを守って勉強していました。

「すぐに答えを見たのでは、数学で最も重要な思考力が育たない」ということです。

先生もそれを気にかけていたのか、生徒に解答・解説を配りませんでした。

その結果、どうなったか？

一切答えを見ずに、一問一問をしっかり悩んで攻略していった私は、数学のエキスパートとなって、共通一次試験で190点を取って、東大に受かった！……ということは、ありませんでした。

私は数学が大の苦手のまま高校三年生になり、頭の痛いこの科目が大学入試でも最後の最後まで足を引っ張りました。本当に悔しい思いをしたものです。

答えがわからないと、手が止まる。5分考えても、10分考えてもわからない。眠くなる。気がつくと机やベッドで寝ていて、自己嫌悪に陥る。再び頑張ってもやっぱり進まない。白紙の問題用紙を前にひたすら格闘。
今思い返せば、とても学習とは呼べないプロセスです。一切学習にカウントしてはいけない、無駄な時間でした。

では、どうすればよかったのか？

3分間、手と思考が完全に止まったら答えを見る！

これが数学が苦手で悩んでいる人にとっての正しい学習法です。

ある程度解答のパターンが頭に入っていて、基礎が完成していて、2次試験対策を進める、という人ならば、30分ぐらい悩んでもＯＫ。そのくらいのレベルに達している人であれば、すぐに答えを見ないほうがいいです。

しかし、ある程度頑張っても、まったく解き方がひらめかない人は、3分以上悩んでも、意味がありません。序盤は「思考力を鍛える」よりも「解法のパターンを覚える」ことを重視したほうが、苦手な科目を嫌いにならずに、成績を伸ばすことができます。

「数学も序盤は解法暗記」

一部の超難関大学の二次試験を除けば、このやり方ですべて間に合うと私は信じています。

東大理科Ⅲ類に合格し、数々の学習法を出版されている、精神科医で受験アドバイザーの和田秀樹先生も、著書でこう言っています。

私は前著『受験は要領』でも、口を酸っぱくしてくり返したが、ここでもくり返しておこう。受験数学こそ、暗記が最も有効な科目なのであると。数学に柔軟な頭脳とセンスが必要というのは、大学以上の高等数学の話で、受験数学では、数学的なセンスなど、ひとかけらも必要が無い。大学入試の数学は、解法の暗記で、ほとんどの入試問題に対応できる。

(「受験は要領　テクニック編」PHP文庫・P46「数学こそ暗記科目である」より)

一問でも多くの問題に触れ、いろいろな解答パターンを知る。そうすることで、数学の天才でなくても、少しずつ問題が解けるようになります。

数学は、数多くの問題に触れ、多くの解放を理解し、反復して訓練していくと、成績が伸びていく学問です。苦手な人にとっても、要領よく取り組んでいけば、希望が見えてくるでしょう。

ただ、一点だけ注意したいことがあります。「答えを写す」ことだけは、絶対にやめましょう。

答えは見るだけ。絶対に写さない。解法を頭に入れ、必ずアウトプットする。それが、正しい学習です。

答えを赤ペンで書いている人、今すぐやめてください。これだけは、約束です。

Point

手が止まって寝るくらいなら答えを見るべし！

14

NG 学習法⑩

「背伸び」した問題ばかり解く

NG理由　難問が解けなくても、合格は可能

○正しい学習法

「まずは簡単な問題集を1冊完璧に」

用意するもの　簡単な問題集や教科書

コツ　レベルの高い問題集に取り組むのは最後の最後

進学校で使われる機会が多い問題集に、数学の「チャート式」シリーズ（数研出版）があります。問題の選定・解説まで素晴らしく、何十年もベストセラーになっている優れた参考書です。しかし、進学校での使い方に問題があることが多いのも事実です。

チャート式は白➡黄➡青➡赤の順に難しくなっているのですが、進学高は高校1年、2年の段階から青・赤のチャートを使っているのです。学校の宿題はこれから出題されることも多々、あります。

しかし、青・赤は入試直前の高校3年生でも難しい代物。数学が得意な生徒ならまだしも、高1・高2で特に数学がそれほど得意ではない生徒がこの難易度で進めるのは、かなり厳しいです。

実は私自身、高校時代にこの問題集を学校から渡されて使っていました。しかし赤・青どころか、黄色のチャートすら難しすぎて、自分には取り扱うことができませんでした。

数学に関しては、苦手な生徒は、とにかく基本を固めましょう。

「チャート式」なら白を解く。

もっと言えば、白の前に、まずは教科書の例題を仕上げましょう。

白が完璧になれば、そこそこの模試の数学は突破できる基礎力が身につきます。そこからだんだんレベルアップしていけばいいのです。

いきなり青や赤から始めるのは、水泳でいきなりバタフライからチャレンジするようなものです。赤や青は、その進学校に在籍する「数学が得意な上位10％の生徒」に合ったレベルです。

それ以外は、基本からがお勧め。いきなり難しいことからやっても無理な話ですし、モチベーションも下がります。

数学を例に話しましたが、他の科目も同じことが言えます。

昨年（2020年）、東北大を目指すという高校3年生の女子が、最難関対策の英語長文問題集に取り組んでいました。確かに東北大は難関ですが、出題される長文はそこまで難しくはありません。市販されている問題集のランクでは、最上級レベルではなく中級クラスで十分対応可能です。中級クラスで用いられるイディオムや文法をマスターしたほうが絶対に近道でしょう。
間違えた難易度の問題集を使うと、力がつかない上にやる気も下がります。
まずは基本から完璧に！
何事も、このことを忘れないようにしましょう。

Point

問題集は超基本からスタートし、だんだん難易度を上げていこう

15

NG学習法⑪

多少のミスは気にしない

NG理由

ミスには習慣性があるため

○正しい学習法

「細かいミスに徹底的にこだわって点数を伸ばせ！」

用意するもの 分析ノート（第1章「4 NG学習法③」参照）

コツ ミスの傾向を分析し、名前をつけ、その傾向をノートにまとめる

「計算ミスをなくしたい」という受験生はとても多いです。

どうすればいいか？？

ミスをする人は、いつも同じミスをしています。

私の生徒で、ミスが多いことに悩んでいる中学2年生の女子がいました。あまりに気になったので、その子の計算の経緯をすべて、途中計算とテストの問題用紙を見て分析してみました。

その結果、彼女は「4×8」の答えを「36」と計算していたのが判明しました。しかも、1回のテストの中で2度も！　彼女自身、まったくそのことに気づいていませんでした。

その後で、「分析ノート」にもう一度、同じ問題を解かせました。

さらに、そのノートにものすごく大きく、

「4×8＝32」

と書かせて、さらに赤のマジックで囲ませました。
こういった対策を繰り返しているうちに、全体の計算ミスは次第に激減。テストでも90点以上が安定してきました。

ミスには生徒別に、さまざまなパターンがあります。
以下は私が実際に見たサンプルケースです。

> ❶「19」と途中計算で書いているのに、字が汚くて「14」に見えてしまい間違う（こんなことあり得ない！と思われるかもしれませんが、似たようなケースもよく見かけます）。
> ❷「マイナス2（○＋△）」の計算をするときに、後ろの「△」に「－」をかけ忘れる。
> ❸計算が雑だったり小さすぎたりするため、位がわからなくなり、隣の位に答えを書いてしまう。

計算ミスを減らすには、とても簡単な方法があります。
自分のミスの傾向を調べ、分析ノートに大きく赤ペンで書く。これだけです。

これで、絶対にミスは減ります。

一度分析をしてみると、計算ミスが多い人は、自分があまりに初歩的なミスをしていたこと驚くことでしょう。そしてミスが減って点数が伸びることにも、改めて驚くことでしょう。

ふだん、ノートに問題を解く時の基本として、

- イコールの位置を縦にそろえる
- 分数の分母・分子を1行ずつ分けて書く
- 慣れないうちは計算過程を省略しない

といったことを守るのも大事です。

Point

ノートに大きく自分のミス傾向をまとめよう！

16

NG 学習法⑫

睡眠時間を削る

NG理由

睡眠は記憶を定着させ、学力を高めるので削ってはならない

○正しい学習法

「睡眠時間以外を削ろう！」

用意するもの 気持ちよく寝られる環境

コツ なるべく毎日同じ時間に寝て起きる。寝る前には暗記科目をやること

適正な睡眠時間で人は痩せて、寝なかったり寝すぎたりすると太るという研究成果があります。そのくらい睡眠は身体に大きな影響を及ぼします。とりわけ、脳にはダイレクトに響いてきます。

以下、睡眠のプロの方々が自著で述べていることを幾つか紹介します。

『睡眠こそ最強の解決策である』（SBクリエイティブ）の著者であるマシュー・ウォーカー氏は著書で以下のように述べています。

例えば脳の中を見てみると、学習、記憶、合理的な決断と選択といった機能が睡眠によって強化される。（中略）免疫機能や、病気や病原菌への抵抗力を強化し、あらゆる病気からあなたを守ってくれる。また、睡眠によってインスリンとグルコースのバランスが調整され、代謝が正常になる。さらに適切に眠ることによって食欲も正常化され、健康的な体重を維持できるようになる。

（『睡眠こそ最強の解決策である』P14「睡眠は心身の健康を保つ最強の薬」より）

この本では睡眠の効果と睡眠不足の恐ろしさについて、睡眠障害は死に至ると指摘しながら、詳しく述べられています。これを読むと、充分な睡眠をとることがいかに大切なことなのか、よくわかります。

また『合格を勝ち取る睡眠法』（ＰＨＰ新書）の著者である睡眠医療の専門家・遠藤拓郎先生は、寝ている間にも脳は活動を休むことなく、膨大な情報の整理を行っていることを解説しています。

> 寝ている間に、脳は休んでいるのではなく、実は、情報整理をしてくれているのです。たとえて言うなら、机の上に書類を乱雑に置きっぱなしにしておいたら、夜中のうちに、秘書が来て、机の上を片付けてくれて、書類を整理し、ファイルの中にきちんとしまっておいてくれたようなものです。
> （『合格を勝ち取る睡眠法』Ｐ77「質の高い睡眠で、勉強の効率を上げる」より）

著書の中では、海外の有名な科学雑誌「Nature」に掲載された、**朝に覚えて夕方**

にテストをするより、夕方に覚えて翌朝テストをしたほうが点数が良かった、という実験結果も紹介されています。

睡眠はみなさんの課題を寝ている間に自動的にやってくれる、最強の助っ人なのです。

適切な睡眠時間をとることで、脳は最大限に能力を発揮します。

子供は睡眠中に成長ホルモンが出るので、よく寝れば寝るほど、背が伸びます。大人も睡眠中に成長ホルモンが出ます。大人の成長ホルモンは、背を伸ばすためではなく、壊れた細胞の修復や新しい細胞への入れ替えに使われます。

学習で疲れた脳を癒し、スッキリした状態で効率よく学習をするために、睡眠は必須です。必ず必要な睡眠時間を確保しましょう。

私の教室でも、大学入試共通テスト（旧センター試験）当日にインフルエンザにかかってしまい、まったく力が発揮できなかった高校生女子がいました。講師陣は何度も何度も早く寝るように忠告していたのですが、どうしても焦りからか、夜中までの学習を辞められなかったようです。

彼女は体調不良で共通テストを棒に振ってしまい、第一志望は不合格、幸い第二志望の私立大学には入学できましたが、我々としても不本意な結果となりました。

入試が行われるのは、だいたい毎年1~3月の間。つまり、最も風邪が流行る時期で、さらに昨今はコロナウィルスに罹患する危惧もあります。必ず6~7時間の睡眠をとり、体を健康に保っておきましょう。

無理して学習時間を増やしたい気持ちはわかりますが、いかなる理由があっても、睡眠時間を削って体調を崩しては元も子もありません。皆さんの目的は、ベストコンディションで当日を迎え、力を出し切ることなのです。

記憶力とは、単に情報を保存するだけではなく、保存した情報を、必要な時に引き出せる能力のことです。脳は、寝ている間に皆さんの記憶を整理してくれます。たかが睡眠と思うなかれ。1~2時間睡眠を削って学習時間を増やすより、しっかり寝て一日を計画的に使ったほうが、絶対に成果は出ます！

私が考える適切な睡眠時間は6~7時間程度です。

これが脳を活発化するのに必要な時間です。必ず確保して、効率よく、学習を進めましょう。

前述の『合格を勝ち取る睡眠法』からもうひとつ、受験生に役立つ内容を紹介します。

受験生の方におすすめしたいのは、下がりきってしまう前の段階、下がりかけの状態で、気分を少し支えてあげることです。（中略）具体的な対策としては
・日照時間の減少をカバーするために、朝、光をたくさん浴びるようにすること
・睡眠リズムをきちんと整えておくこと
この2つを意識的にやっておけば、気分が下がるのを防ぎながら、秋以降の勉強を続けていくことが出来ます。
（『睡眠こそ最強の解決策である』P138「季節を生かせば、勉強効率はさらに上がる！」より）

日照時間と気分の浮き沈みには、大きな影響があるそうです。

夏は、日照時間が長く、気分も高まります。受験生も「自分は絶対やれる!」「○○大、合格できる!」「数学難しいけど、何とかなる!」という気持ちを持って、戦うことができます。

ところが、秋になると、日照時間が少なくなり、気分が落ち着いてきます。夏にやる気になっていた生徒の気持ちにも不安が混じり始め、「自分なんか大丈夫だろうか」「○○大なんて無理な目標じゃないだろうか」「数学難しいから、絶対自分には無理だ」と思ってしまうようになります。

この気持ちの移り変わりは、受験勉強にも影響を及ぼすようになります。対策としては、やはり年間の計画を立てることです。

夏の気分が高まっているうちに、どんどん「新しい参考書」「新しい問題」を解き、新しい知識をある程度固めておきましょう。

そして、冬にかけては「一回やった参考書」「すでに知っている知識」を整理する学習をするのです。

例えば大学入試の英語であれば、**大変な負荷とストレスがかかる「単語」「文法」の学習は絶対に夏までに終わらせなくてはいけません。**そして、**今までの単語や文法の知識を活用する「長文読解」「過去問演習」を秋から冬にかけて持ってきます。**

そうすれば、秋から冬にかけては、過去問をこなして解らない点を整理するだけでどんどん点数が伸びていくので、気分も下がらず、受験を乗り切ることができるのです。

基礎固めは、負荷がかかるので、夏に終わらせる。
秋から冬は、基礎を生かして、点数を伸ばしていき、気分も上げる。
これが大学受験成功の王道です！

Point
適切な睡眠時間で、学習効率を最大化する！

17

NG 学習法⑬

すべての時間を学習だけに投資する

NG理由　入試は才能ではなくモチベーションで決まる

○正しい学習法

「志望大学の情報を仕入れてやる気を出す」

用意するもの　第一希望大学に絶対入りたいという確固たる意志

コツ　オープンキャンパスではなく、普段の姿で、より具体的にイメージできる学習成功の最重要要素が「モチベーション」、すなわち「やる気」です。**入試は、気持ちがいちばん大事。才能でも、お金でもありません。やる気とやり方です。**

早いうちからモチベーションを高く維持し、逆算して十分な努力をし、目標を達成させましょう。

モチベーションを上げるためには、目標を決め、具体的にイメージし、絶対達成させると心に決めなくてはなりません。では具体的にどうすればいいか？　いろいろと手はありますが、**最もインパクトがあり効果的なのが、「志望大学を実際に見に行く」ことです。**

大学を見に行き、「〇年後にここで学ぶ自分」を可能な限り具体的に、明確に、イメージしましょう。

できればサークルも、ゼミも調べ、どれに入るか考えましょう。住む地域も決め、高校3年生なら入試日のホテルも押さえてください。写真を撮り、家族全員が見えるところに貼ってください。「宣言し、退路を断つこと」です。その大学に入ることを、今決めましょう。

中学生の皆さんも、高校よりも大学を見に行くことをお勧めします。そのほうがより長期的なプランで目標を達成できます。また、高校より大学のほうが個性的で、刺激的な場合が多いです。


ただし、これを書いている2021年1月時点では、新型コロナウイルスの広がりにより、不要不急の移動は避けるよう、通達が出ています。ウイルスが落ち着いてから、対策を万全にした上で、下見に行きましょう。

また、現地に行けなかったとしても、やれることはたくさんあります。大学のフェイスブックページ、公式ツイッターアカウントには、必ず「イイね！」をしておきましょう。また、自分が進みたい分野の研究室や、自分が入りたい大学のサークルも、Webサイトなどがある場合はチェックしましょう。教授がブログを書いていればそれもお気に入り登録。

大学の情報を得れば得るほど、より行きたくなり、モチベーションは間違いなく上がるはずです。

学習という地道な努力は、だれしも辛く、苦しく、できるなら逃げ出したいものです。邪念を振り払い、学習に専念しましょう。

何度でも、見に行って構いません。

モチベーションという名の「ガソリン」を、そのたびに補給するのです。モチベーションを高め、ガンガン学びましょう！

Point

機会がある度に、第一志望大学を見に行くべし！

18

NG 学習法⑭

全単元バランスよく平等に取り組む

NG理由

なるべく短時間で結果が出るところからはじめないと、モチベーションが上がらない

○正しい学習法

「配点が高いところから突破」

コツ 配点が高いところ、早く結果が帰ってきそうな科目から取り組む

英語の学習法についてひとつ、アドバイスをします。英語が伸び悩む人は、文法・語法に時間をかけすぎていることが多いです。**いま、英語の成績が伸びていない人は、単語と読解にかける時間をもっと多く取りましょう。**

学習時間の割合を、文法中心ではなく、大きく単語と読解にも割いてほしいのです。なぜかというと、読解の配点が高いためです。文法や語法にとことんこだわった学習をしているのに成績が上がらない子が多いのは、ここに理由があります。

文法や語法も大事ですが、やりすぎるとキリがない分野です。どちらかというと、学校は文法を丁寧にやってくれることが多いので、この際、文法の学習は学校に任せ、自学時間は単語や読解の学習に振りましょう。

英語が苦手な人は、文法を30分学習するより、単語を30分学ぶほうが、絶対に成果は上がります。

「単語テストの点数」と「英語の点数」の相関係数はとても高く、強い相関があると言われます。悩んでいる人は、まず単語からやってみましょう！

また、大学入試共通テスト全体を見ると、全部で5教科7科目900点。ひとつひとつの科目でやることが多く、いったいどこから手を付けるべきかわからない。

そんなときは、ひとまず「なるべく短期間で」「なるべく成果の出る」分野から学習をすることをお勧めします。理由は、点数が上がるとやる気が出るためです。

個人的なお勧めは「古文」「漢文」。それぞれ、一見読解問題が多いようですが、知識だけで解ける問題は「6割以上」を占めます。しかも、その知識量はとても少ない。

古文の必修単語はたった230。英語の約4000語や日本史約2000語に比べてはるかに少ない。集中力のある生徒なら1日あれば、古文単語は何とかなります。そして、ある程度の単語と文法さえ押さえてしまえば、あとはしょせん「日本語」。面白いほど解けるようになり、世界が変わります。

何から手を付けていいか迷ったら、「古文単語」「助動詞」から始めてみてください。同時に漢文なら「句法」を徹底的に押さえてください。すぐに結果が返ってきて、やる気も出ますよ。短期間で集中して仕上げてしまいましょう！

Point

配点が高いところ、時間がかからないところから、優先的に進める！

19

難しい英単語の攻略テクニック
「語源」を活用しよう

ここでNG学習法とその解決法から離れて、いくつかの受験攻略テクニックをお伝えしましょう。

高校生になると、必要な単語の数は圧倒的に増えます。いかに効率よく英単語を覚えていくかが、学力を上げていくカギとなります。

「extract」という単語の意味は知っていますか？　なかなか難しい単語です。「引き抜く」「抜き出す」というイメージの単語ですが、さくらアカデミーの塾生はほぼ全員知っています。「語源で覚える」というテクニックを使っているためです。

具体的に説明しましょう。以下の、6つの単語をご覧ください。


「tractor」

「attract」

「distract」

「contract」

「abstract」

「extract」


似ている部分があるのがわかりますか?

以上の単語を、「丸暗記」ではなく、「語源」から攻めてみましょう。

まず「tract」という綴りが共通しているのがわかります。「tract」には、「引っ張る」という意味があります。

それから、

「tractor」＝「引っ張るもの」＝「牽引車（トラクター）」

という言葉が生まれました。

「at」は方向を示します。つまり、

「attract」＝「〜の方に＋引っ張る」＝「気を引く」

という意味になります。

ちなみに遊園地の「アトラクション」は「attract」の名詞形、「attraction」であり、「気を引くもの＝楽しいもの」という意味です。


「dis」は否定を示します。

「distract」＝「否定＋引っ張る」＝「引っ張らない」＝「気をそらす」

という意味になります。


「con」は共にという意味です。

「contract」＝「(相手とこちらが) 一緒に＋引っ張る」＝「契約する」

という意味です。アクセントが前に来る点にも注意です。

「abs」は外に出すという意味です。

「abstract」＝「(人間の頭の中から) 外に＋引っ張る」＝「抽象的な」「概要」

という意味です。

そして、「ex」も外に出すというイメージ。

「extract」＝「(中のものを) 外に＋引っ張る」＝「引き抜く」「切り抜く」。

「朝鮮ニンジンのエキス配合」のエキスは「extract」のエキスです。「extract」には「抽出する」という意味もあります。

これら6つの単語は、大学受験で使うハイレベルな英単語です。しかし、こんな感じで覚えられたら、記憶に残って忘れないし、何より一度にまとめて覚えられます。

語源は「tract」の他にも「volve（回転）」や「spect（見る）」など、便利なものがたくさんあります。「en（動詞化）」など、使いこなせば20単語以上を一発で覚えられる超便利な語源です。

ただの丸暗記ではなく、英単語にはこういうアプローチもあります。効率よく覚えましょう

20

多くの用語を覚えるテクニック

「インパクト」を活用しよう！

もうひとつ、一発で覚えられる効率のよい暗記法を教えましょう。「インパクト暗記」という方法です。

例を挙げたほうが早いでしょう。日本史で奈良時代の有名な書物、「風土記」「万葉集」「日本書紀」「古事記」が出てきます。これを以下の言葉でまとめてしまいます。

例

「聖武天皇　不満でも　ニコニコ」

題名の頭文字をそれぞれ取って、「風土記」＝フ、「万葉集」＝マン、「日本書紀」＝ニ「古事記」＝コ、としますです。
この4つの頭文字をとって、「フ　マン　でも　ニ　コ　ニ　コ」です。

要するに昔からある「語呂合わせ」による連想暗記法ですが、一度こういう法則を作ってしまえば、覚えるべき事柄を串刺しにして、一発でものにすることができます。

インパクト暗記の利点は「時間短縮」です。日本史は時間がかかります。特に文化史などはなるべく短縮し、時間が必要な他の内容を学習する時間を増やします。

他にもインパクト暗記のやり方は、たくさんあります。

例えば英単語。「ただ見て覚える」よりも、「見て」「発音して」「聴いて」を組み合わせると、よりインパクトが強まり、記憶が定着します。単語は音読しながら覚えるといいでしょう。

21

多方面に役立つ「英検」の攻略法

英語の資格試験はたくさんあります。2021年現在、使用頻度・影響力ともに最も重要なのが英検です。

しかし、情報が不足しているためでしょうか、英検の対策は、間違ったやり方で進めている生徒が、非常に多いように思われます。

ここでお伝えしたいのは、英検の正しい対策です。この攻略法は英検のみならず、受験英語でも有効なテクニックなので、ぜひ覚えておいてください。

国公立受験においても、私が英検を勧めるのはなぜなのかというと、英検の学習をすることで、「読む・聞く・書く・話す」のベースの力をバランスよく底上げすることができるからです。英検でベース力を鍛えておくことは、他のあらゆる英語試験の点数アップに直結します。

例えば、準1級を取得している学生の旧センター平均点は180点（東京大学レベル）を超えます。また、ベース力があることで、二次試験への対策も容易になります。英検で鍛えた力をベースに、過去問を利用して、二次試験で聞かれるところを重点的に強化すればいいのです。

例えば京都大学であれば、準1級を合格した後に、「英文解釈」の練習と、「英作文」の練習を追加で加えれば必ず合格レベルに達します。

基本的には**「英検でベースを鍛える」「過去問中心に二次試験対応力を鍛える」**の順で取り組むことで、どの大学も攻略できるはずです。

そして、英検は他の英語試験に比べても、単語が難しい試験です。まずはこれを知りましょう。

英検突破のためには単語の学習が必須です。英単語を制する者は英検を制す。**最**

優先で英単語の強化に取り組んでください。

英単語の学習は、最も辛く、大変な、基礎の筋トレです。皆さんもなるべくなら避けて通りたいでしょう。しかし、実は英語の学習において最も学習効率が高いのが単語です。単語が仕上がれば、英語の学習が圧倒的に楽しくなります。単語をやる前に他の学習を始めても、あまり効果は出ません。

最初が本当に大変ですが、単語さえマスターして、過去問10回も解けば、受かります！

参考書としては、『文単』こと『文で覚える単熟語』（旺文社）をお勧めします。単語優先の教材ですが、この単語帳のいいところは、

①英検の級別に単語を覚えることができる
②熟語も併せて覚えられる
③長文の中で覚えるスタイルのため読解力もつく
④長文のＣＤがついているのでリスニングも同時に鍛えられる

というメリットがあります。

まずは文単を1冊完璧にして、そのあと過去問を解いてみましょう。その時点で単語が弱かったら単語、読解が弱かったら読解、と弱点を埋めていくことで、最も短時間で合格までたどり着くことができるでしょう。

要する時間の割に配点が高い作文対策は重点的に行いましょう。

例えば英検準1級では、リスニング30分、読解70分、作文20分くらいの配分になるでしょう。しかし、配点はリスニング750点、読解750点、作文750点とすべて同じ（2020年12月現在）。かかる時間で比べると、作文の配点が非常に高いと言えます

最初から順番に解くと、作文が最後になってしまいます。作文に5分しかかけられなくて、作文の点数が足りず不合格、という生徒もいました。私はみなさんに作文から解いてもらいたい。たとえ時間が足りず読解の大問が一問完全に解けなかったとしても、作文を書ききれないことのダメージのほうがはるかに大きいです。

作文対策にお勧めなのは「ダイアリング」。すなわち、日記を書くことです。毎日、英語で三行、日記を書いてください。やってみるとわかりますが、最初は驚くほど書けない！　でも、やっていくにつれて、劇的に英文を書くスピードが上がります。可能であれば、英語の先生や塾の講師に、日記を添削してもらいましょう。

Point

「単語」を仕上げる！「日記」を書く！　過去問を解く！
それで十分高レベルで勝負できる！

第3章

学習法を変えて成績を伸ばした生徒たちの事例から学ぶ！

ここまでお話ししてきた「ＮＧ学習法」の改善策は決して机上の空論ではなく、私の塾生の中で実例があり、彼らとのやり取りのなかで生まれた「勉強の方法」です。本章では彼らのサクセスストーリーをご紹介しましょう。

22

OK事例①
5教科190点から、第一志望高校そして第一志望大学に合格

【190点から391点まで点数を伸ばして第一志望校に合格した晋作君（仮名）の例】

晋作くんは、とても素直な男子で、小学校の先生に昔教えられたとおりの学習をずっと続けていました。

ところが、中学2年の中間テストで、5教科合計「200点ジャスト」。学年101人中96位という成績を取ってしまい、慌てて私たちの塾に来たのです。

学校の先生からは

「学校で習う内容を全部覚えるまでは、塾なんか必要ない」

「覚えるときはとにかく20回書いて覚えなさい」

「問題を解くときは問題文も全部ノートに写しなさい」

と言われていたようです。

今まですべてこれを守って真面目に勉強してきたのですが、さすがに心配になって、塾に面談にきたというわけです。

学習時間、授業中の集中力、素直さ、すべて申し分ない生徒でした。保護者の方も、テスト前はしっかり時間を取って学習していると言います。

ところが、ノートを見ると、「ノートまとめ」がとても多い。いわゆる「インプット一辺倒型（第1章「2　NG学習法①」を参照）」の典型的な生徒でした。

したがって、間違った学び方を変えて、成績が伸びる学習法に変えてこれから頑張れば、必ず伸びると確信しました。

私は晋作君に伝えました。

「大変申し訳ないが、今までの学習法を、思い切って"すべて"変えて欲しい。必ず、成績は上げてみせるから」

晋作くんは、素直に私のアドバイスを聞いてくれました。これが成績が伸びる一番の原因でした。


その時に実行している学習法に、第1～2章で取り上げてきた「NG学習法」が多かったため、これをすべて、以下のように修正しました。

●ノートまとめはやめる（⬇「2　NG学習法①」）
●問題集は必ず解きなおしをする（⬇「3　NG学習法②」）
●模試やテストの復習をしっかりやる（⬇「4　NG学習法③」）
●英単語を覚えるときは、何度もテストして覚える（⬇「5　NG学習法④」）
●たくさん質問する（⬇「6　NG学習法⑤」）
●赤ペンで答えを写さない（⬇「8　NG学習法⑦」）

●解らなかったら悩むより解説を見て理解（⬇「13　NG学習法⑨」）

私たち講師陣が伝えた内容を守って、以上のことを徹底的にやってくれました。結果、その次のテストで5教科290点。2回後のテストで、5教科391点。その後、紆余曲折ありましたが（受験直前の12月に面談で大泣きされたこともありました）、第一志望の進学校に、見事合格することになります。

素直な子は絶対伸びる。
間違った学習法はすぐに捨てたほうがいい。

この2点を深く私に学ばせてくれた出来事でした。真面目で頑張っているのに伸びなくて苦しんでいる。こんな生徒に、ぜひ正しい学び方を覚えてほしいですね。
この本を書こうと思ったのも、彼との出会いがあったからかもしれません。

23

OK事例❷

工業高校から完全独学で英語を仕上げ国公立大に合格

【科目を絞って超戦略的にチャレンジした博文君（仮名）】

博文君とは、彼が高校3年生だった年の6月に初めて会いました。

彼は中学の頃は建築系の仕事に就こうと漠然と考えていて、実業系高校の建築科を受験して合格したそうです。しかし高校に入って、いろいろな経験をし、本を読み、考えたことで、違う道を検討しはじめました。

なんと、まったく畑違いの「医療」の道に進むことを決意したのです。そこから彼の偉大なる挑戦は始まります。

経済的な事情もあり、国公立大学を目指さなくてはならない。しかし、彼は工業大学。数学や理科はまだしも、学校の英語の授業は「中学校レベルだった」と言い（実際はどうかはわかりませんが）、身についている単語も英検3級レベルでした。どう考えてもセンター試験（現・共通テスト）を、これから全科目学習して突破するのは不可能です。

まずは、なるべく科目の少ない大学を探さなければなりません。その時点で「国立大」ではなく、「公立大」を目指すことになります。一般的に公立大は、国立大に比べて科目が少なく入りやすいところが多いためです。

そして、真面目な生徒だったため、幸い評定はとても良かった。部活もしっかり取り組むことができていました。そこで、「推薦入試」を視野に入れて探していくことになります。

彼が選んだのは、「青森県立保健大学医学部看護学科」の「学校推薦型選抜」制度。彼の評定なら十分可能です。科目は書類&面接50点、小論文100点、作文50点。これならセンター試験の全科目入試を受けなくても大丈夫。十分戦えるのではないか？ということで、狙っていくことになりました。

ここでひとつ、大きな問題がありました。看護学科の小論文は「英文読解型小論文」。英文を読んで考えなければならない。そしてその英文は、首都圏の私立大学上位大学レベル。ＭＡＲＣＨレベルです。とても工業高校の生徒が読めるレベルではなく、難しい。

中学レベルの英語力の生徒を、残り半年で青山学院大の英文が読めるレベルまで仕上げなくてはなりません。しかし、やるしかない。

私たちはプランを考えて臨みました。あくまで小論文なので、細かい文法の試験などは出題されない。仮定法や比較級などといった面倒な表現も、めったに出てこないし、出たとしても推測で何とかなります。

したがって英文法や英文解釈は一旦置いておき、読むことに絞ります。仮定法などは、出てきたらその都度教えていきます。

まずは、単語力を鍛えることが必須です。しかし単語力は中学レベル。そこで『文で覚える単熟語』（通称『文単』）を使って短期間で単語を覚えました。『文単』の英検3級レベル⬇準2級レベル⬇2級レベルを3冊購入し、我々と本人で決めたスケジュールに合わせひたすら進める。テーマ1つ、150個くらいの単語を1日で覚えてきて次の日テスト、というスケジュールで進めました。『文単』は英語が苦手な生徒でも、英検の級別になっているので、レベル別に進めることができます。

『文単』を選んだ理由はほかにもあります。『文単』は一般の単語帳と違い、「長文の中で単語を覚える」形式になっています。よって、時間がない博文君は、単語を覚えながら長文の読解力も鍛えられます。長文の難易度も準2級のテキストは準2級レベルと揃っていて、少しずつ鍛えられます。

また、熟語も掲載されているため、最低限知っておかなければならない熟語も覚えられます。さらに素晴らしい点は本文にCDがついているため、聞きながら単語を覚えることも可能だったことです。家から学校に行くまでの間など、ずっとCDを聞いていればよい。

つまり**「単語」「熟語」「読解」「リスニング」のすべてのベースを短期間で仕上げる**ことができるのです。彼はひたすら『文単』に取り組み、3ヶ月後には驚くほどに、英検2級レベルの文を読みこなせるレベルまで達していました。

そこから、大学入試の過去問読解に入ります。しかし、「文法」や「和訳」はほぼ出題されないため、「ざっくり全体の意味がわかれば良し」のレベルで進めました。問題を解かない場合もありました。本文を読み、要約させて、ある程度意味がわかっていればクリアです。こちらも驚くほどに、後半では青山学院大の英文をおよそ読めるレベルにはなっていました。

その後、実際の「英文読解型小論文」の対策に入ります。実際に文章を読み、添削をしました。この時点では、大きく意味を外すこともなく、合格点かと思える論文を書くことができていました。このセクションに至って、「もしかして合格できるかも?」という気持ちが私にも生まれてきました。入試の2週間前でした。

試験結果は、合格でした。この子が合格したのは2015年。それ以後2020年現在まで一人も、県立保健大合格者はこの工業高校から出ていません。まさに奇跡。

博文君はとびきり頑張りました。

●「正しい計画を、できればプロと一緒に立てること」

●「最後まであきらめないこと」

●「最短距離の学習を真面目に進めること」

この3点があれば、奇跡は生まれます。それを思い知らされた出来事でした。

24

OK 事例③

最低ランクから国立大学に合格、最初のテストで大学内首席を獲得

【学習法を変え点数をジャンプアップさせた歳三君（仮名）の例】

歳三君は、中学生の頃から私たちの塾に来ていました。

高校に合格したときの合格体験記には、以下のように書いてくれました。

「中3生の頃、夏休みに塾の先生に『高校入試は3月8日だけど、12月に志望校を決める職員会議があるから、11月3日の模試までに成績上げないと間に合わないぞ』と言われました。

それから焦り、本気で学習をがんばり始めました。
おかげで合格できました。ありがとうございました！」

私たち塾講師の提案を真面目に聞き、それに沿って努力してくれる、とても素直な生徒です。

彼は遠方から通っていて、部活生だったこともあり、中学卒業後にいったん卒塾しました。

1年半後、彼が高校2年生になったときのことです。電話で相談があり、もう一度塾に来ることになりました。

その時点での学年順位は２４０人中２２６位。希望である国立大学受験は絶望的という状況になってしまっていました。

そのとき、「どんな勉強してる？」と聞いて見せてくれたのを再現したのが、次のノートです。

歳三君のノート再現

(1) The scientist was famous as a (　　) in the study of solar power. He had written the first book on how to use the sun to create electricity

1. citizen　2. pioneer　3. commuter　4. psychologist

通勤者

v. commute　A. ② //

(2) Helen's boss found a few problems in her presentation, so she had to (　　) it. She changed the conclusion and added some extra deta to support her ideas.

けつろん

くわえる

1. revise　2. persuade　3. encounter　4. accompany

説得する　出会う

A. ① //

(3) Henry Brown died at the age of 90. At this (　), many friends and family members gathered and talked about their memories of him.

偉業

1. sensation　2. funeral　3. concept　4. triumph

感覚　葬儀

A ×4 //

●一発で覚えることを前提として学んでいる

●書く分量が多すぎ、時間がかかりすぎる

見てのとおり、問題文をすべて写し、答えもそのまま写しています。これは、「インプットの時間が多すぎる学習」の典型。時間効率がすごく悪く、このやり方を続けて学力を伸ばしていくのは厳しいでしょう。

彼の問題点は、「一発で覚えることを前提とした学習をしている」「書く分量と時間が多すぎる」ということでした。これは、残念ながらできる受験生の対極にある学習法です。

第1章の繰り返しになりますが「インプット：テスト」を「3：7」にするのが学習の基本です。学習の仕方について、修正を指示し、点数の上がる方法を勧めました。

点数が取れる生徒は、自分が「一発ですべてを覚えられる」という発想からは入りません。「一発で覚えられなかったものをどうやって拾おうか」という発想から入ります。

問題集は一回で終わらせず、必ず間違った問題をまとめて解きなおし、再度出題されたときは間違わないようにすることを習慣化すべきなのです。

この場合、やはり「2色マーカー法」（第1章「3　NG学習②」を参照）がふさわしいです。問題は写さずに、なるべくたくさん問題を解き、間違ったものを解きなおす。

できないものをできるようにする。それが、学習の目的です。

学習法を「インプット型」から「アウトプット型」に直した結果、まず歳三君は英検2級を見事突破しました。さらに次の定期テストで数学の成績は32点から68点に、英語の成績は40点から78点に、ジャンプアップしました。その後、成績は順調に伸び、なんと希望の山形大学に合格しました。

そして、大学入学後の化学の試験、なんと「学年で一番点数が良かったです」と嬉しい連絡をくれました！

彼が身につけた「正しい学習法」は、受験だけじゃなくて、大学に入ってからもしっかり役立っています。この先の人生においても、役立つことでしょう！

25

OK事例④

お金をあまりかけずに、安く塾を活用してトップ高校合格！

【徹底的に効率よく塾を活用した竜馬君（仮名）】

私が大手塾に勤めていた頃、竜馬君という中学3年生の生徒がいました。

絶対に地域のトップ高に進学したい、と希望していました。私が勤務していたその塾では、地域トップ高を目指すためには週3回～4回のコースが一般的なのですが、大手塾のため費用が高い。彼は金銭的な事情で、塾では授業が週1回の「模試コース」を単科で受講していました（大手ということもあり、それでも2万円以上かかりました)。

例えば、土曜日の中学3年生の授業は13時に始まり、17時50分に終わります。彼はまず朝10時に塾が開くと同時にやって来ます。そして昼12時まで自学をして、13時まで職員室の前のイスで私たち講師と話しながら昼ご飯を食べます。その塾には食事専用のスペースがありませんでした。それから学校に行き、17時50分に授業が終わった後、家で晩御飯を食べてから19時にまた戻ってきて、22時に塾が閉まるまで引き続き自学を進めていました。

平日の夜に使っていない教室がありました。彼はそこに目をつけ、「空いている教室を使わせてください」と私たち講師に頼みに来ました。そして、他の週3回~4回コースの生徒が授業を受けている時間、空いている教室で黙々と自学を進めていました。それが毎日。学校が終わってから速攻で来ていました。塾が閉まるまでいて、納得いくまで毎日質問をして帰りました。

結果、県下ナンバーワンの進学校に合格しました。そして、そのまま隣町にある塾の高校部にも通ってくれました。まったく中学校と同じ感じで、週1回だけ授業を取り、その他の日はひたすら塾の空いているスペースで学習をしていました。

費用をかければ最高の環境で学習ができるでしょう。しかし、工夫をすれば、最小限の費用で最大限に塾のメリットを活用することができます。塾も学校も、要は「使い方」です。

受験は「お金」や「環境」だけで決まりません。「やる気」で決まるのです。

ちなみに、私たちの塾では、中学生は「月額2万円」で、5科目の受講ができます。さらに毎日自学スペースを利用し、全科目講師に質問することも可能です。指導するのは、経験の浅いアルバイトではなく、プロ講師陣です。みなさんの地域の良心的な個人塾も「安価」かつ「プロ指導」のところが多いと思います。

賢く成績を上げるためには、大手塾ではなく、個人塾を活用するのも、有効な手段だと思います！大手のように駅前や大通りに教室があるわけでもなく、大きい看板もありません。ＣＭも少ない。ハード面のサポートは手薄い部分がもしかしたらあるかもしれません。しかし、塾を選ぶ際は、大手だけでなく、どうか一度地域の個人塾を探してみてください。生徒の皆さんに最も合う優れた塾が、見つかるかもしれません！

私は日本中に個人塾長の知り合いが１００名以上いますので、いつでもご紹介いたします。もちろん、腕は確かな方々です！

第4章

机に向かう気持ちになる裏技7選

学習法の見直し方はわかったけれど、そもそも勉強そのものがおっくうでやる気が出ない……というのは生徒も保護者の方も共通したお悩み。本章ではモチベーションがガッチリ上がるためのちょっとした裏技を教えます。

26

誰でもやる気が出る7つの裏技

「うちの子は、どうすればやる気を出してくれるんでしょうか？」

「全く学習してくれないんですが、どうすればいいでしょう」


右の言葉は、講師をしていて、保護者の方々から頂く質問で最も多い質問です。

塾の中には「学習のやり方や解き方は教えられますが、モチベーションは上げられません」「やる気のある人しか受け入れません」と宣言し、そもそもモチベーションも上げられないような生徒は門前払い、という塾もあるようです（さくらアカデミーはもちろん違います）。頑張らなきゃいけないことはわかっているんだけど、なかなかモチベーションが上がらない……という学生さんも多いことでしょう。

モチベーションややる気とは、電気のスイッチのように、ある時突然「パチン」とONになるようなものではありません。いわゆる「やる気スイッチ」が突然ONになる日がやってくるなどと、期待しないほうがいいでしょう。**それを期待していても、一向にその日が来ないまま入試本番を迎えてしまうか、気がついた頃にはすでに手遅れになってしまいます。**

やる気が低くても、それを言い訳にせずに、やるべきことをやるのが重要。まずは行動を始めたほうがやる気が出ます。待つよりも、自己コントロールを行い、まず始めましょう。

やる気には高い日も、低い日もあります。しかし、**それでも必要な分の学習をコツコツ積み上げることは可能です。**

まったくやる気が出ないけど、なんとかしたいという気持ちはあるという学生の皆さん。もし自分に使えそうな方法があれば、ぜひ活用し、やる気を高め、志望大学への進学を勝ち取りましょう！

さて、目標を達成する方法に絞り込んで書かれた最近の名著に『UCLA医学部教授が教える科学的に証明された究極の「なし遂げる力」』（東洋経済出版社／2019）という本があります。本書によると、「成し遂げる力」は「7つのやり方」で高めることができます。脳の意志力にかかわらず実行でき、あまりにも効果が高いため、表紙に「悪用禁止！」と記載されているほどの本です。

この本を読んだ時に、私は驚きました。偶然ですが、さくらアカデミーが行っている7つのモチベーションアップ策と、この本の「7つのやり方」とすごく似ていたのです。

私が現場で20年間試行錯誤しながら続けてきた方法と、最強UCLA医学部の大教授が長年の調査から編み出しベストセラーになった本のやり方が、共通している。すごく嬉しい気持ちになりました。現場は正しい。私がこれまでの講師人生で苦労してきたことは無駄ではなく、科学的にも立証されていたのです。

というわけで、以下の7つの裏技はすべて実用性があるので、モチベーションに悩む皆さんにはぜひ読んでみて欲しいです。

27

裏技①

「細分化」
目標は可能な限り細かく刻もう

「成し遂げる力」の本でも最初に挙げられているのが、**「目標を小さく刻む」**ということです。私も、生徒にはなるべく目標を刻むことを伝えています。

国語の教科書に掲載されていた、井上ひさしさんの短編『握手』に登場するルロイ修道士も言っていました。「困難は分割せよ」と。

マイクロソフトのビル・ゲイツ会長も言っていました。「問題を切り分けろ」と。

大きな困難を目にすると、やる気が削がれ、心が折れてしまいます。いますぐマグロ一匹まるごと食べなさいと言われたら、無理です。しかし、一匹はとても食べられなくとも、切り身にしてなるべく細かく分けて冷凍して少しずつ食べれば、誰でも食べられる。

大きな目標があったら、それを小さく分割していきましょう。そうすればやる気が出て、道は拓けます。

具体的なやり方を紹介します。

まず、目標を決めます。例えば、「数学で90点を取る」としましょう。

そうしたら、その困難な目標を達成するための小目標を、4つ～8つくらい書き出します。

大目標「数学で90点を取る」

小目標 ①「難しい問題よりも簡単な問題を完璧に解く」

②「計算ミスを減らすように間違えた内容を記録する」

③「わからないところは必ず質問する」
④「1日30分でも数学の学習をする」
⑤「間違った問題は必ず解きなおす」
⑥「集中できるように学習中はスマホを親に預ける」
⑦「学校のワークは1週間前に終わらせる」
⑧「集中できるように自習室に行く」

この**小目標を書き出す**、という手順が重要です。小目標の一つひとつそれぞれは、大目標に比べて、成功へのハードルが低いことがわかるはずです。

小目標の数はいくつでも構いません。多いほうがいいでしょう。このように、目標を、徹底的に小さく刻んで分割してみることが大切です。**具体的にやるべきことがわかり、少しでもやる気が出てくるはずです。**5分くらいまとまった時間を取って、一気に終わらせてしまうのがいいでしょう。

受験生なら、点を取る目標を「3年の共通テスト本番」にではなく、「次の模試」

にして、計画的に学びましょう。遠すぎる目標はやる気も出ません。模試は1月に1度はあるはず。時間を細かく刻んで、6月模試、7月模試、8月模試とそれぞれ目標を達成し続けていくほうが、やる気も出ます。

メジャーリーグで活躍する大谷翔平選手は高校時代、「目標達成シート」というものを活用し、自ら目標を明確に設定し、その目標に向けて鍛錬を積むことで、それぞれを必ず達成してきたそうです。

大谷選手は、「8球団からドラフト1位指名を受ける」という目標を立て、この目標をまず、次の8つに分割しました。

①体づくり　②コントロール　③キレ　④メンタル
⑤スピード160km　⑥人間性　⑦運　⑧変化球

さらに、この8つをそれぞれ、また8つに細分化しました。たとえば⑤の項目については、

(I)軸でまわる　(II)下肢の強化　(III)体重増加　(IV)体幹強化
(V)肩回り強化　(VI)可動域　(VII)ライナーキャッチボール　(VIII)ピッチングを増やす

といったように分割しています。その一つひとつを達成できるように練習し、効果を上げました。

彼も、目標を細分化して類い稀なる成果を出してきた人間のひとりだと、言えるでしょう。皆さんも参考にしてみると、いいと思います。

Point

目標を徹底的に細分化せよ!

28

裏技②

「単純化」やることを絞り込む！

これは裏技①にも関係するのですが、やることが多すぎると、やる気を失ってしまいます。なるべくやらなければいけないことは絞りこんで、単純化すると、手を付けやすくなります。

第3章の「25　OK事例④」の博文君のような奇跡的な成果を出すためには、やることを一点に絞ってそれを徹底的に取り組んだほうがいいのです。

第3章で実施したのは以下の絞り込みです。

●科目を「英語」に絞る

●やることを「単語」に絞る
●テキストを『文単』に絞る
●難易度を「レベル別」に絞る

このようにすれば、少しはやる気が出てきますし、無理なく誰でも成績が伸ばせます。

絞り込んで集中して取り組むのが、成功の秘訣です。

「全教科点数が悪く、どこから手を付けていけばいいかすらわからない」というケースもあるかと思います。その場合は、5教科すべてを上げようとするのではなく、まずは1教科に絞ることが重要です。

定期テストで点数を伸ばす場合、**私のお勧めは「数学」です。**「数学」は苦手な人にとっては見るのも嫌な教科だと思いますが、実は、最も上げやすい科目です。私の教室でも、10点台から50点台、20点台から70点台へと、圧倒的な成績アップとなる科目は、数学であることが多いです。

手順さえ覚えれば、中学校の定期テストレベルの問題は絶対解けます。また、手順を覚えておくことで、今までつまらなかった学校の授業が楽しくなり、相乗効果が発揮できます。

入試で点数を伸ばす場合も同様で、私はまず数学から攻めることが多いです。そして、数学でも、青森県の入試であればまず「関数攻略」に絞ります。青森県は大問4が必ず関数を出題しているため、ここだけ満点取れるとまずは20点くらいは計算できるようになるためです。しかもパターンもとても似ている。

（1）は傾きや比例定数を求める問題
（2）はそれを使って直線の式を求める問題
（3）は2本の直線に囲まれた図形の面積を求める問題
（4）は座標を文字であらわして指定の作業を行う問題

となっていることがほとんどなので、最低限ここを押さえます。もし多少問題が違っても、この部分がしっかりできていれば、関数の問題はたいてい解けるものなのです。

一度に全部から取り組み始めるのではなく、まず一つずつ。これが「弱者の戦術」です。ここを取れるようになったら、大問2、大問1、と取れる分野を増やしていきます。いずれ「強者」になっていくことができるでしょう。

「5教科すべて」ではなく、「まずは1教科」から。
「1教科の内容すべて」ではなく、「まずは1単元」から。

この作戦を覚えておくと、誰でも必ず成果を出していくことが可能です！

29

裏技③

「行動を変える」やる気を出そうとするな！

先ほど述べた『UCLA医学部教授が教える科学的に証明された究極の「なし遂げる力」』は、日本で出版されたときにつけられた題名です。原題は「NEUROHACKS」。脳を支配する、という意味です。

この本でもたびたび述べられていますが、人間の脳は、なかなか自ら「学習」しようとは思ってくれません。人間のやる気は、一度出てもすぐに失われてしまいます。例えば私と面談して「明日からは勉強頑張るぞ」と気持ちを変えてくれた中学生も、その次の日になると元に戻っていたりします（もちろんちゃんと面談で変わってくれる子もいますが）。

やる気は嘘をつきます。あまり信じ過ぎないことをお勧めします。

世の中にモチベーション研究書はたくさん出ています。どの本でも共通して述べられているモチベーションアップのコツは、**「とにかく小さく始める」「とにかくまず行動」**ということです。「考えてから行動」よりも「まず行動」。

行動しているうちに、モチベーションがついてくることは、昨今の心理学の研究からも明らかとのことです。そのためにも、目標を細分化し、ハードルを下げて、すぐに始める習慣をつけましょう。

行動を変える具体例は以下の通り。必ず成果が出ます。明日から3時間勉強しよう！　と思うのではなく、まずは部屋のテレビのコンセントを抜きましょう。

例
「明日からゲームをしない」と思うのではなく、
「ゲーム機を親に預ける」「ゲームをスマホから消す」

「家で頑張ろう」と思うのではなく、
「図書館や塾に行く時間を決める」

「テレビを見ない」と思うのではなく、
「テレビのコンセントを抜く」「部屋から消す」

「マンガを読まない」と思うのではなく、
「親の部屋においてもらう」「誰かにあげる」

「スマホしない」と思うのではなく
「部屋に持ち込まない」

具体例を参考にしてください。「こうしないようにしよう」と思うのではなく、その行動に繋がる原因を遮断するのがコツです。学習塾に通っている生徒様であれば、自習室に行くのがいいでしょう。誘惑の多い家でひとりでやるより、能率が上がります。

問題を解くときは、簡単な問題から順にはじめましょう。スタート時点ではまだ気分も乗っていないため、例えば数学の難しい問題などは避けましょう。解けないと一気にやる気がしぼんでしまいます。難しい課題は調子に乗ってきてからで大丈夫です。

また、脳が疲れてきたら、別の教科に切り替えるとリフレッシュできます。1時間英語やって疲れたら、1時間数学やる。文系と理系を織り交ぜて実施することで、脳の疲れを軽減でき、少しずつでもやる気を長く維持することができます。

30

裏技4

「仲間」同じ目標を目指すチームに加わろう

「同じような目標を持っている集団に加わる」と、一般的に学力が伸びます。

例えば開成高校や灘高校は、東大を目指すのが当たり前だという「空気」があるため、当たり前のように学習して、みんな東大に合格していきます。この「空気」が仕事をするのです。難関高を目指す理由は「空気」です。「雰囲気」「カラー」「校風」なども同じ意味です。

本気の学校や塾は雰囲気が違います。人間は意志が弱い生き物です。「今日くらいサボろうかな」「少し休んでもいいかな」という思いが芽生えたときに、それに反してがむしゃらに頑張っている子が周囲にいる意味は本当に大きい。「負けてられない、やっぱり頑張ろう」という気持ちにさせてくれるのです。

なるべく、同じような目標を持っている集団に加わっておくと、空気感からやる気が上がるでしょう！


私は受験は「団体戦」だと思っています。ひとりよりも、同じ目標を目指す仲間がいるほうが、戦いにおいて有利になります。


さくらアカデミーの高3生専用自学スペースは、他の学年の子や保護者の方々が見ると「怖い！」と言われます。それだけの熱量で、みんな学習しているのです。背中から発するオーラが違います。難関大合格を勝ち取るためには、この教室の雰囲気に慣れてもらわなくてはなりません。

これだけ毎日集中して学習することが、合格には必要なのです。

さらに可能であれば、もう「○○大学に自分は絶対に入学する」と決め、それを仲間に宣言し、行動にも移しましょう。なるべく具体的な行動を進めることをお勧めします。
実際にすぐに実施して欲しい行動を、以下に並べます。

❶ホテルを予約する

高校3年生であれば、受験スケジュールに合わせ、受験地のホテルを予約してください。生徒本人がやったほうがいいです（あとで保護者の方々が確認してあげましょう）。いよいよ受験なんだという意識を高めるためです。予約は半年前くらいから受け付けているところも多いです。

❷不動産屋に行って住みたい地域の相場を聞く

大学見学に行ったついでに、近くの不動産屋に入って、住みたい地域や家賃の相場など、情報を聞きましょう。まだ入学が決まっていなくても**「来年から○○大学に通うものですが、学生にお勧めの物件はありますか？」**と聞いてください。住むところがおおよそ決まると、より大学に入ってからの明確な生活スタイルをイメージしやすくなります。

❸サークルの見学に行く

大学生にとって、新歓（新入生歓迎イベント）は超重要な行事です。入学前であろうとも、入部見込み生を邪険に扱うことは、まずありません。希望するサークルのホームページやフェイスブックページがある場合も多いでしょう。責任者の方に連絡をして、いろいろ質問してみてください。可能であれば、見学をさせてもらうのもいいでしょう。私が所属していたギターサークルにも、地元の現役高校生がいっぱい来ていました。試合や演奏会があったら、もちろん見に行ってください。

基本的に大学生は、未来の後輩になる皆さんにはとても優しいです。新入生の勧誘はサークルにおいて一年で最も重要な行事です。大学生は必死です！　遠慮なく好意に甘えてください。

大学との距離を近づけるには、他にも方法があります。「高校や塾のＯＢ・ＯＧの先輩に実際の様子を聞いてみる」「外部向けの公開講義を受けてみる」「関連するイベントに参加する」など、できることはたくさんあります。とにかく何でも、行動することです。

❹手帳に予定を書き込む

手帳を買い、予定を書き込むことを必ず行ってください。

何となく、「あの大学には入れたらいいなあ」と思うだけで終わっていませんか？受かる生徒は「必ず入る」と決めて取り組んでいます。みなさんも必ず入る、と決めましょう。

そして来年まで書き込める手帳を購入し、引っ越し、入学式、オリエンテーションなど、予定をすべて書き込んでください。

❺大学前で笑顔で写真を撮ってきて、ＬＩＮＥやフェイスブックの待ち受け画像にする

深層心理に植え付けるのは、とっても効果があります。

私は塾をはじめるときに、生徒がたくさん教室にいる塾の写真を部屋に貼り、絶対にたくさん集めるんだと強く心に決めて取り組んでいました。

ぜひ写真を撮ってきて、家に貼ったり、待ち受けにしてみてください！

❻担任・塾の先生などに「〇〇大学に行きたいのでやるべきことを教えてください」と聞いてみる

退路が断たれると、人間はやる気が出ます。決意を大きい紙に書き、居間か玄関に貼ってください。

「私は必ず〇〇学校に合格します」などと大きい紙に書いてみんなが見える場所に掲示しましょう。自分の部屋ではなく、家族全員に見えるところに貼るのがポイントです。

これらも、退路を断つことにつながります。言い訳ができない状況に、自分を追い込むと、モチベーションが上がります。

かつて漢の「韓信」という武将は、絶対に負けられない戦いに臨むにあたって、退却できないように川の前に陣を敷きました。逃げ場をなくして戦うことで、兵士のやる気を引き出し見事勝利しました。

皆さんも退路を断ってやる気を出して、120％の力で戦ってみませんか？

そこまでして失敗したら恥ずかしい、などと考える必要はありません。誠心誠意全力で取り組んだ皆さんを、誰も笑いません。

違う学校に行くことになったとしたら、それがあなたの人生にとって、ベストの道だったということです。

神様は必ず、全力を尽くした人に、パーフェクトな道を用意します。

合格する生徒はまぐれで合格するのではなく、受かるべくして受かります。

31

裏技⑤

「情報を集める」正しい情報を得て重要さを知るべし

日本の学生は、他国に比べて、「モチベーションが低いことが多い」と言われています。以下のアンケートをご覧ください。

調査1

この1週間でつまらない、やる気が出ないと感じたことがあった

フランス	44.4%
ドイツ	44.7%
アメリカ	49.0%
イギリス	55.2%
スウェーデン	55.7%
韓国	64.5%
日本	76.9%

調査2

将来への希望がある

アメリカ	91.1%
スウェーデン	90.8%
イギリス	89.8%
韓国	86.4%
フランス	83.3%
ドイツ	82.4%
日本	61.6%

調査3

学校生活に満足している

ドイツ	85.7%
イギリス	83.2%
アメリカ	82.6%
フランス	80.1%
スウェーデン	76.8%
韓国	72.8%
日本	69.9%

（出典：内閣府「こども・若者白書」）

日本の生徒たちは、「つまらない、やる気が出ないと感じることが多く」「将来への希望がなく」「学校生活に全く満足していない」可能性が高いです。

私はこれらの原因のひとつが、生徒に正確な情報が伝わっていないことにあると思っています。やる気を出すためには、**「正確な情報を与えること」**が重要です。

いま勉強を頑張っていることで、どれだけ将来良いことがあるのか。

目標である学校の合格は、どれだけ難しく、どのくらい頑張らなくてはいけないのか。

目指す大学に合格したら、どんな学生生活を送ることができるのか。

ここで間違った情報が入ってしまうと、やる気なんか出ません。情報の質は学習に直結します。

例えば正確ではない情報には以下のようなものがあります。

①「良い大学を出ても仕事ができない人はたくさんいる。だから学歴なんて意味

がない」

②「大学を出ても収入が低い人は大勢いる。だから大学に行く意味がない」

③「あの子は塾に行かなくても○○高校に受かった。だから塾で学習することなんて意味がない」

④「○○高校は勉強だけでつまらない。だからいかない方が良い」

世の中にはこの手の話が溢れています。**こんな話を聞いた生徒に、学習する意欲など湧くはずがありません。**やる気も出ませんし、将来の希望も見えてきません。

このような無責任かつ根拠のない有害情報を鵜呑みにするのではなく、正確な情報を受け取ることで、子供のやる気を前向きに変えていく義務があります。

正確な情報は以下の通りです。

①「良い大学を出ても仕事ができない人はいる。

⬇社会に出たら学力とコミュニケーション力が両方必要だから、友達をたくさん作って、学校内外のクラブ活動もして、いろいろな経験をしよう」

②「大学を出ても収入が低い人はいる。
⬇自分にしかできないことが多いレア人財を目指すために、全力で仕事をしよう。社会に出ても、学び続けよう」

③「塾に行かなくても受かる人はいるが、その人はもし上手く塾などを活用できたら、さらに上を目指せたかもしれない。
⬇塾を徹底的に活用し、可能性を最大化しよう」

④「〇〇高校は受け身の姿勢でいたら勉強だけでつまらない。
⬇だから、積極的に、いろいろな活動をしよう。無理のない学習プランにならないように、今からしっかり学んでおこう」

また、将来は難関大を目指したいが、まだ高校3年生ではないため、イマイチやる気が出ない、という生徒のみなさんへ。以下の東京大学の合格者ランキング上位を、ご覧ください。

1位　開成高等学校　185名
2位　筑波大学附属駒場高等学校　93名
3位　桜蔭高等学校　85名
4位　灘高等学校　79名
5位　渋谷教育学園幕張高等学校　74名
6位　麻布高等学校　68名
7位　駒場東邦高等学校　63名
8位　聖光学院高等学校　62名
9位　海城高等学校　59名
10位　栄光学園高等学校　57名

1位から10位のすべてが私立か国立の中高一貫校。20位以内に入っている公立高校はたった2つです。13位の日比谷高校（東京都立）と、18位の浦和高校（埼玉県立）のみ。その他は全部私立か国立の高校です。その理由がわかりますか？

ひとつの理由として、これら私立の中高一貫校は、「カリキュラムがそもそも違う」ということが挙げられます。

一般の中学・高校は、中学校の3年間の学習内容を3年間で、高校3年間の学習内容を3年間で終わらせます。しかし中高一貫の名門高校は違います。**中学校3年間の学習内容を2年以内で終わらせます。**高校3年間の学習内容は、そのまま3年間で終わらせます。すると1年余ります。そして、余った1年を、志望大学の徹底対策にあてます。そうすることで、名門・難関大学の合格実績を高めているのです。**1年長く大学入試の対策ができる**ことで、十分な準備ができています。

では中学3年間の内容を2年間で終わらせることは可能か？　これは「可能」です。高校に入ってからの学習が、感覚的に中学校の20倍は難しいからです。

このことを知っていれば、最もやる気が出ないといわれる中1・中2生の間、何か対策を取る気持ちになると思います。正確な距離感を掴むことも、重要です。

英語・数学ともに、可能なら今すぐ、先取りの学習も進めましょう。

しかも、この中高一貫校の生徒は、高2まで一般の模擬試験に参加しないことがほとんどです。高3になった瞬間に、この強敵たちが一般の試験に合流してくる。さらに既卒の生徒も加わります。

何が起こるかというと、人気大学においては模試の判定がおよそ2つ下がります。高2の時C判定だった生徒はE判定に、B判定だった人はD判定に下がります。

この事実を知らないと、高1・高2の時に「B判定だ！　合格率60％以上だ！　もう安心！」と勘違いしてしまうのです。

高2までの模試は、駿台の大学別模試を除いて「A判定必達」。肝に銘じてください。B・C判定を取っているから大丈夫、と油断することのないように。

32

裏技⑥

「合格後をイメージする」

楽しい未来を想像せよ！

大学に行く最大のメリットは「人との出会い」だと思います。

今まで小学校、中学校、高校で出会う人たちは、皆さんと同じ県に生まれ、似た環境で育ってきた人が多かったはずです。それが、まったく変わります。

大学では自分と全然違う環境で育った人とたくさん出会い、話ができます。いろいろなサークルに入り、いろいろなバイトができます。今までの人生とまったく違う、とてもエキサイティングな経験ができる。すべてが、皆さんの人生に、大きな良い影響を与えることでしょう。

大学に行ったほうが絶対良い、と私が思う理由はほかにも幾つもあります。もちろん専門的な知識を学ぶため、ということもありますが、それ以上に4年間、自分のやりたいことができる。やろうと思えばほぼ限定なく何だって経験できる。

海外留学に行ってもいい。留学がそのまま単位になる大学もいっぱいあります。執筆活動をしてもいい。僕が所属していた日本史研究室の先輩はそれで実際に作家デビューしました。

ＹｏｕＴｕｂｅｒをやってみてもいい。大人気のチャンネルができるかもしれません。

アルバイトに専念してもいい。サイバーエージェント（アメーバブログ・アメーバＴＶ）の藤田晋社長や堀江貴文社長は学生バイトから会社を立ち上げています。サークル活動・音楽活動に熱中してもいい。私は大学からクラシックギターを始めて、夢のひとつだった演奏会での独奏をやらせてもらうことができ、今でもその動画を大事に持っています。

こんな経験、地元にいたら絶対にできませんでした。

また、学習には「プライベートな動機」もモチベーションの要となります。

私は田舎に住んでいたため、好きなロックアーティストのコンサートが見られませんでした。コンサートをいつでも見に行ける環境が欲しかったため、コンサート会場へのアクセスの良い場所にある大学に進学しました。

自分だけの学習意義を、心の中に持ち、意志の力を強めましょう。より強い動機付けに繋がる場合もあります。

第1章で述べたところとも重なりますが、大学を見に行くのも効果的。とにかく実際に見に行くことは、かかった費用と時間以上に、「圧倒的」な効果があります。

個人的には、大学生活をよりクリアにイメージするため、**1人で行くことをお勧めします。**

憧れの第一希望大学に合格し、大学生活を送っている自分を、体感してきてください。小学生でも、中学生でも、大学を見るほうが良いです。

例えば、青山学院大学を見てきた私の塾生は「カッコいい人と可愛い人しかいなかった」「校舎も綺麗すぎて本気でモチベーションが上がりました」と語り、見事合格を勝ち取りました。

一次試験の点数が足りずに仕方なく志望を東北大に下げた生徒も、一次試験終了後に大学を見に行きました。「大学の雰囲気、学部の雰囲気を見たら、自分にはこっちのほうが合っていると感じました」「東北大に進学し、全力を尽くして医療に取り組みたいです」と語り、気持ちを切り替え、見事合格を勝ち取りました。

東京農工大学の学園祭に家族で行った生徒は、あまりの活気ですっかり農工大にハマってしまいました。さらに保護者の方もハマってしまい、今は家族一丸となって目標達成に向けて取り組んでいます。

もし今、学習塾に通っていて、成績がパッとしない場合、原因はモチベーションであることが多いです。遠方に住んでいて費用がかかるなら、**思い切って1ヶ月塾を休会し、その費用を使って、行きたい大学を見に行ってきましょう。**塾の先生も、賛成し、送り出してくれることでしょう。

見に行こうと思ったのがオープンキャンパスの時期ではなくても、まったく関係ありません。実は人気大学のオープンキャンパスは、高校生が多く、また必要以上にお祭りモードで、大学の普段の姿が見えないため、自分が通っているイメージが湧きません。

憧れの大学を見に行く目的は、皆さんの深層心理に、自分はここに通うんだという意識を埋め込むことです。**したがって、普段の様子と違うオープンキャンパスよりも、日常モードの大学を見に行くほうがむしろお勧めです。**

自分が将来使うであろうバスや地下鉄で大学に向かい、学食で昼食を食べ、サークル棟を見学してきてください。

結果が出さえすれば、動機はこの際なんでもいい！　とにかく成績を上げて大学に合格しましょう！

33

裏技7

「現実的に考える」大学進学を「リアル」にとらえよう

大学進学をリアルに考えるためには、親子で事前にお金の話をしっかりすることが、いちばんいいでしょう。ウチはお金がないから国公立大じゃないとダメなんです、という学生が青森には多いですが、保護者の方々がお子さんに「お金がないから国公立大に行きなさい」と言うのはよくないことだと、私は思っています。

理由は2つあります。ひとつは、一家の稼ぎ手への敬意が薄れるためです。もうひとつは、足りない分を工夫で埋めることができる可能性があるからです。では、どう伝えればいいのか？

保護者の方々はお子さんたちに、「お金がないから国公立にしなさい」というより

も、

「国公立大学の分まではあなたに出資する。もし私立に進むなら、国公立との差額分月2万は自分で稼いで学費に充てなさい。そのほうが真剣に学ぶ意欲が高まるから」

と伝えることを、お勧めします。

「お金がないから」より、「我が家の方針で」のほうがいいのです。

4年間にかかる費用シミュレーションは、一度子供とはしっかり行っておきましょう。それが本章で述べた「希望をより具体的にする」という点にもつながります。

国公立大文系の場合　　学費年間53万円
私立大文系の場合　　学費年間74万円
私立大理系の場合　　学費年間１００万円

例えば国公立文系と私立文系の差額は21万円、12ヶ月で割ると約2万円です。私立理系だと約4万円です。

現在大学生の平均アルバイト月収は3・3万円。私は学生の頃、毎週土日に仙台駅東口の電気店で契約社員として働いていたので、もう少し稼いでいました。学習の時間を犠牲にしない程度に、アルバイトはしたほうがいいと思います。「お金を払ってサービスを受けている側」から、「お金を貰う側」への転換を経験しておくことは、とてもいい社会経験となります。就職・起業してからのパフォーマンスは絶対に上がります。

なるべく厳しい環境がいいと思うので、一般の大人と同等に扱われる契約社員や派遣社員はお勧めです。私も学生時代に無謀にも契約社員で働いて、担当者にずいぶんと厳しくされたものです。

2021年の大学入試変革にあたって、返却の必要のない奨学金制度もかなり拡充されているので、活用するのもいいでしょう。2019年の段階で、奨学金を利用して大学に通う学生の割合は50%を超えています。1991年は20%だったとのことです。より制度は拡大され、充実度を増しています。

大学主催のものも多く、ユニークなところでは、東京農業大学が、将来農業に従事する生徒を対象に「人物を畑に還す奨学金」という制度を行っています。授業料のうち60万円を補助、毎年選考なので1年限りでもありません。

早稲田大学は1500人、福岡大学は3000人の補助を行っています。東洋大学では、昼間大学の事務員として働き、夜間大学に通う「独立支援奨学金制度」もあります。この制度を利用した6名のうち3名が、各学科の首席だったそうです。各大学の取り組みは、インターネットで簡単に調べられるので、ぜひ調査してみましょう。

可能であれば、仕送りを含めた総額も、確認しておきましょう。学費4年分プラス仕送り約48ヶ月分。国公立文系だとしても600～700万円の金額がかかります。

「私たちは700万円をあなたに投資します。その投資価値があるくらい、大学入試に向けて学習し、また入学後も学習してくれることを期待しています」

保護者の方々はお子さんたちにこれぐらい伝えておいたほうがいいと思います。これで、お子さんは気を引き締めるようになるでしょう。お金のことを何も知らずに進学するよりも「私たちはあなたの将来に期待し、信頼しています」と事前に伝えたほうが、得るものは多いはずです。

何も得るもののない大学生活になってしまってはもったいない。たくさんの経験と知識を得る大学生活を過ごしていただきたいと、願っております。大学時代に良い人生経験を積みましょう。

以上、目標を達成するために必要な「7つの裏技」を私なりにまとめると、

❶「細分化」
❷「単純化」
❸「行動を変える」
❹「仲間」
❺「情報を集める」
❻「合格後のイメージ」
❼「現実的にとらえる」

となります。

モチベーションは行動してから出てくるものです。「やる気がない」を言い訳にしないようにして、とにかくひとつでも、行動にうつしましょう。

さあ、今日から何ができますか？

今日からやることを、左に最低3つ書き出してみましょう。

第5章

塾長がこっそり教える圧倒的に正しい塾の使い方

この章では、実際に塾を主宰している立場から、「間違えない塾の選び方」についてお伝えします。ネットの口コミ評価よりも重要な、合格に直接つなげてくれる良い塾のポイントを包み隠さずお話ししましょう。

34

成績が伸びる塾の正しい選び方

塾・中学受験の内側を描いてベストセラーになっている、高瀬志帆さんの『二月の勝者　～絶対合格の教室～』（小学館）というマンガがあります。
塾や中学受験の実情を上手く表していて、お勧めしたいマンガです。単行本の第1巻の中にこんなシーンがあります。

塾は営利目的の企業ですから、「経営努力」という点で、優秀な生徒に注力して、合格実績を稼いでもらわなければなりません。「顧客」が「実績」を見てやってくるのだから当然です。上位校合格の見込みの無い生徒には、夢を見させ続けつつ、

生かさず殺さず、お金をコンスタントに入れる「お客さん」として、Rクラスには「楽しくお勉強」させてください。
（『二月の勝者』第1巻　P145　第5講「3月の共感者」より）

塾によっては、上位生のみに注力し、そうではない生徒のことを、お金さえ入れてくれればいい「お客さん」と捉えているようなところは、確かにあると思います。

私も大手塾時代、これとまったく同じようなことを、上司から聞かされました。もっとも、自分が独立してからは、そんなアコギな真似はしていませんし、成績の出来不出来も関係なく指導しています。

保護者・生徒の皆さんの希望と合わないタイプの塾に入ってしまうと、費用だけ無駄にかかって目標も達成できないケースが多いのです。**「塾選び」「塾の使い方」はぜひ慎重に！**

例えばネットで検索してとりあえず「1位」の塾を選ぶ、と言う選び方は、なるべく避けたほうがいいでしょう。後ほど触れますが、塾の口コミサイトのランキングは「口コミサイトの運営会社にお金を出している塾である場合もあり、信用しすぎるのは危険です。

ネットの情報に頼るより、実際に通っているご友人や、地域の評判を聞くこと。あるいは、実際に教室長に面談を申し込むこともお勧めします。

ここでは、生徒・保護者のみなさんに、正しい塾の活用法をご紹介したいと思います。

今まで何年もいろいろな生徒を見てきました。とびきり塾を上手に使って、成績を大幅に伸ばす生徒がいれば、逆に塾をうまく使えず、伸びしろがあるのに意外に伸び悩む生徒もいます。

塾で伸びる生徒がどのように塾を活用しているのか？

また、保護者の皆様は塾の講師にどんな要望をしていくと良いのか？

内部事情も含め、すべてお答えします。

まず、はじめに、どんな塾を選ぶべきか。重要なのは以下の3点です。

初級編
上級編
成功例
裏技7選
塾選び
Q&A

❶自習室が自由に使える塾
〜過去問演習・質問対応などができる塾だとなお良い〜
❷困ったときにプロの講師に質問ができる塾
〜社会人講師が在籍しているほうが良い〜
❸プロの進路指導者にアドバイスが受けられる塾
〜進路面談をちゃんと実施できる塾〜

この3点が揃った塾であれば、徹底的に活用し、元を取ることができます。以下、詳しく説明していきましょう。

35

塾の選び方①

自習室がある教室を徹底活用

ごく一部を除き、多くの生徒は、家にひとりでいると、学習以外のことに気が取られてしまいます。

自宅、特に自分の部屋は誘惑が多いもの。ゲーム・マンガ・PC・スマートフォンなど、あらゆる媒体が集中力をそぎます。好きな動画やアニメも見放題の世の中です。幼いきょうだいに遊びに誘われることもあるでしょう。そんな環境の中で学ぶのは、普通は不可能です。おいしい食べ物を目の前に並べて、ダイエットをしろと言っているようなものです。

ついダラダラしてしまうといった悩みは尽きません。それならいっそのこと、強

制的に塾の自習室に来るというのはどうでしょう？　学校が終わったら、家に帰らず、そのまま塾に寄る。**土日は、授業があるなしにかかわらず、塾に来る。**そうすることで、学習への集中力が高まります。

第4章でも述べたように、**「意識を変える」より「行動を変える」**のがポイントです。意識を変えようと思っても、早い人は3日でもう忘れてしまい、長続きしません。無理やりでも行動を変えるのがポイントです。私が面談してせっかく「頑張ります！」となっても、自宅でしっかり学習するのは2日が限度、3日目からは何かの理由をつけて、休み始める人がほとんどです。

「根性より習慣」。無理にやる気を出そうとしないで、まず行動を変えましょう。決まった時間に正しい行動をするようになれば、必ず成績は伸びます。

うちの子はまったく家で勉強しないんです、と諦めていた保護者のお子さんが、自習室で学ぶと見違えるほど集中力を発揮して、成績がグングン伸びる。こんな例はたくさんあります。その変化に保護者様の方が驚かれることも少なくありません。

我々としてもうれしい瞬間です。

受験生なら、後輩から常に見られていることを意識して、学習をすることもいいでしょう。思春期の生徒は、周りに格好いい姿を見せたがるもの。後輩に、サボっている姿は見せられませんよね。

教室にはみなさんの集中力を削ぐ、ゲームもマンガもPCもありません。勉強しかすることがなければ、集中して学習できます。また、県立入試の過去問など、著作権フリーの教材を取り放題にしている塾もあります。そういったところで過去問を活用すると、さらに効果的です。

私の経験から言いますと、毎日自習室にいる生徒は、必ず合格しています！

塾の自習室・自学スペースを活用しまくると、成績は必ず上がり、目標達成に近づきます。

Point

誘惑だらけの自宅では学習は難しい！　自習室を使おう！

36

塾の選び方②

困ったときにプロの講師に質問ができる塾

プロの講師は、自分の学習経験を踏まえ、皆さんに適切なアドバイスをすることができます。なるべく、経験の浅い学生講師ではなく、社会人講師かベテラン塾長に質問ができるところを選びましょう。

なるべく質問は、プロ講師に依頼したほうがいいです。

理解に苦しんでいるところに、経験の浅い講師から下手な説明をされたら、余計に混乱し、学習効率は上がりません。手前味噌にはなりますが、私たちオッサン塾講師たちは、教えてきた経験が豊富です。今まで教えていて、たくさん成功や失敗を繰り返してきました。我々は多くの生徒に説明してきた経験を活かし、みなさんがわかる説明のやり方を選択して、説明することが可能です。学生でももちろん上手な講師は大勢いますが、頭の良い人でも自分の成功体験を信じすぎ、押し付けてしまう傾向があります。

学習法の項目でも取り上げたように、**たくさん質問をすることで成績向上にかかる時間を大幅にショートカットすることができます。**

いざというときに、プロの講師に質問できる塾を選びましょう。そして、たくさん質問して、成績を上げましょう！

また、学習法そのものについても、悩んだときはプロ講師に質問しましょう。国語の学習法がわからない人からよく質問が来ます。例えば共通テスト現代文の選択問題は、一見学習の仕方がわからない、と思ってしまいがちです。しかし、国語の「選択肢を正しく選ぶ探し方」を以下の手順どおりに実践すれば、問題ありません。

❶選択肢の中で本文を正しく言い換えられていない部分に線を引き、その選択肢を候補から外す。
❷残った選択肢で、本文中に書かれている内容を強く、正確に言い換えているものを選ぶ。
❸文章全体のテーマ・主張に、より沿っているものを選ぶ。

❶から❸の順に選択肢を絞っていくと、正しい答えが選べます。❶だけで選べることも多いです。

このように、**学習法・解き方を講師に教えてもらうことで、やり方がわかり、モチベーションが上がります。**正しい学習法を教えてくれて、モチベーションアップにつながる塾を選びましょう！

Point
なるべくプロの技を盗み、効率よく学ぼう！

37

塾の選び方③

進路についての適切なアドバイザーがいる塾を選ぶ

近年、大学受験の制度がますます複雑になってきています。我々の世代とは、まるで違います。まさに複雑を極めており、今や受験は情報戦と言ってもいいでしょう。

入試には学力が最重要です。しかし、**情報力も同じくらい重要と言っても過言ではありません。**

桶狭間の戦いでも、織田信長が情報を制して、戦力差を逆転させて勝利しました。戦と同様に、入試は情報を制することで、一発逆転を狙うことができます。情報戦こそ、塾を活用していただきたく思います。

入試にはさまざまな形式があります。例えば、立命館大学の入試制度は、地方の学生にとって有利な、以下の制度を取っています。全6回入試のチャンスがあり、青森の生徒であっても、新幹線で90分の仙台市で、すべての試験を受けることができます。そのうち1回でもボーダーを超えれば、合格を勝ち取れます。日程もすべて連続していて、連泊しながら試験を受けられます。

また、英検準1級を持っていると英語の点数が２００点満点になる入試形式もあるので、一発勝負ではなく事前に準備をしておくことも可能です（２０２０年入試時点）。

総合型選抜入試という形式では、より情報力が重要になります。活動実績を早くから積み上げねばならず、場合によっては高校1年時から入念な準備が必要です。高3から対策をしては間に合わない場合があるので、早目に学校の担任や塾の先生に相談しておきましょう。

評定も重要です。評定平均が０・１でも高い生徒が勝つ可能性が高い入試です。しっかり学力を伸ばしておきましょう。これは指定校推薦入試でも同じことがいえます。

詳しく説明しだしてしまうといくらページがあっても足りないので、ここでは詳しくは述べません。とにかく、学習をしながら、このような情報を調べていくのは極めて大変です。入試日程・必要科目・試験の傾向性その他、情報の提供は塾に任せてしまいましょう。

塾の講師を活用し、情報をうまく収集し、みなさんは学習に専念していきましょう。

Point

いまや入試は情報戦。情報で戦力差を埋めよう!

38

塾の選び方 4

塾に行く前にスマートフォンのルール決めを！

生徒の保護者の方から、

「子供がスマホを離さない、ルールを決めようとすると暴れて手がつけられない」と相談されたことがありました。成績も低迷中。モチベーションも下がり、保護者の方の意向で、高校1年で塾を辞めてしまいました。その子はその後、高3で戻ってきてくれて、なんとか第二希望の関東にある私立大学に合格しましたが、高1のときからしっかりスマホ管理ができていれば第一希望に合格していたのではないかと思うと、悔しい限りです。

この保護者の方は、偶然私の同級生と同じ職場にいました。話を聞くと、すごく仕事ができて、対応も丁寧で、後輩からも信頼される超優秀な方とのことです。それを聞いて、思いました。このような素晴らしい方ですら、自分の子供とスマートフォンをコントロールするのは、難しいのだ、と。子育ての難しさ、スマホ共存の難しさを、同時に思い知りました。

保護者の方々には、可能な限り「購入前のルール決め」をお勧めいたします。**クレジットカードが20歳以上からでないと持てないように、スマートフォンも自己管理ができる生徒以外には使用条件を厳守させるべきだ、**と私は考えます。

スマホに支配されている状態では、100%成績が上がりません。学習時間は毎日学3時間取る、宿題は必ずやる、学習時は親に預ける、などのルールを定め、守れなかったら絶対解約すると本人に伝えてください。

ここは断固として実行しなければなりません。

子どもは、「どうせそこまではしないだろう」と、甘えているだけなのです。保護者の方も、毅然と対応しなければならない局面はあります。スマホの使い方などに悩む保護者のみなさんは、すぐに「本日は大事な話があります」とお子さんに伝え、緊急家族ミーティングを行いましょう。

個人的にお勧めのルールは、「スマホはリビングでのみ使用可」とすることです。こうすることで、ゲームのやりすぎ、有害サイトへのアクセスなどを防ぐことができます。SNSによるいじめなども早期に発見することができますね。

【補足】
スマートフォンは正しく使えば非常に優れた学習ツール、決して悪者ではありません！

実はスマートフォンはとても便利で、正しく使えば、非常に優れた学習ツールにも、ビジネスツールにもなります。調べ物などは、勉強の休み時間にまとめて行いましょう。とにかく、いつでもダラダラ連絡が来る、という状況を絶対に脱してください。

スマートフォンでの学習は、特に「英語」の学習において、大きな力を発揮します。うまく使える方は、ぜひ有効に活用して、成果に繋げましょう。

❶単語の練習

英単語は「アウトプット」が重要。例えば、センター試験で8割を取りたい生徒にオススメしたいのは第1章でも紹介したスマホのアプリ、「ターゲットの友1900」(旺文社)。このアプリの「メジャーリーグセクション1」と、「メジャーリーグセクション2」で満点が取れれば、単語の学習は共通テストレベルまでは仕上がったと言えます! 今まで読めなかった長文がすらすら理解できることに、驚くことでしょう。

まだ英語学習基礎からの人は「ターゲットの友1400」(旺文社)からでも十分です。

❷スピーキング

スピーキングにはiPhoneユーザーであればアップル社の「Siri」などの音声

認識モードを活用してください！「Siri」の設定を英語にして、普段から暇な時に英語で話しかけてみましょう。皆さんの発音、伝わりましたか？　伝わったら、本場のネイティブにも伝わるということです。自信がつきますね！

「今日の天気は？」「野球をすることは好き？」「どこに住んでいるの？」「歌を歌ってください」などなど、「Siri」と会話してみてください！　ちなみに「Siri」の答えはなかなかウィットに富んでいて、おもしろいですよ。

❸英作文

英作文に関しては最高の教材がたくさん。「DMM英会話なんてuKnow?」というQ&Aサイトでは、いろんな表現の書き方をバイリンガル講師が答えてくれます。また「Weblio辞書」というオンライン辞書で検索すれば、調べたい単語について数えきれない使用例が載っています。

スマートフォンはゲーム機ではない！　とても優れた学習ツールなのです。

39

塾の選び方 5

一部の口コミサイトのランキングは「いくらお金かけたか」で決まる!?

塾を探す際に口コミサイトを利用する方も多いと思います。しかし、本当に自分の子に合った優れた塾を探すのであれば、口コミサイトだけで判断するのはあまりお勧めしません。塾の口コミサイトの中には、塾に年間使用量を数万〜数十万円払わせて、払わないとランキング圏外にいてしまうようなサイトもあります。保護者の間では、意外に知らない方が多いようです。

口コミサイトもいろいろあり、例えばグーグルの口コミや点数は、匿名投票ではなく、お金で操作もできないため、とても参考になると思います。他方、かけたお金で決まっていると思われるサイトも多いです。無条件で信頼するのは危険です。

口コミサイトは、全国規模で展開している大手塾が上位に来る傾向があります。その理由は「知名度があって問い合わせが多いから」。「学力が上がったから」でも「評判が良かったから」でもなく、「他の何か」の数で決まっています。たくさんお金を払ってくれた塾に対して、お礼にランキング上位にしてくれる、といった形でランキングを決めているところがあるのではないでしょうか。

全国展開していないけれど、とんでもなく成績を上げている優れた個人塾は、世の中にたくさんあります。しかし、その多くが圏外です。規模だけで決まるランキングは、塾だけでなく、真剣に塾を探されているご家庭にとっても、不利益でしかありません。本当に力があり、人気の個人塾は、口コミサイトには出てこないことが多いのです。

塾は口コミサイトだけで選ばないことをお勧めします。

❶一度体験授業を受けてみて、合うか合わないか判断してから選ぼう。
❷最初の面談で教室長と話をして、「この人だったら任せられる!」と思ったとき

だけ、行くことにしよう。

サイト圏外にも、たくさん良い塾があります。宮城にも埼玉にも神奈川にも東京にも、とっても優秀な塾があります。ぜひ面談や体験授業に行ってみてください！

第6章

塾長が答えます！「勉強の方法」Q＆A

最後に保護者の方々や生徒のみなさんからよく上がってくる質問について、塾長の立場からQ＆A形式でお答えしたいと思います。これらは私が主宰しているオープンチャット「中学受験高校受験大学受験 塾長相談室」や「さくらアカデミー」のホームページ、公式LINEに上がっていた質問についてお答えしたものです（一部改変しています）。

Q1

「子供に何と声をかけてあげるべきか？」

Q 中3受験生の父です。

中3の息子が、高校受験を控えております。

偏差値70の公立高校が第一志望校で、3月に入試です。

中1の頃から絶対に行きたいと、ブレずに志望していた高校です。

今まさに受験前で、自宅にいるときは食事、お風呂、トイレ以外はずっと勉強しています。

しかし、通っている公立中学校は、荒れてはいませんがのんびりな雰囲気、休み時間に勉強をしている人はいないみたいです。

それでも息子は受かりたい一心で、休み時間や隙間の時間に勉強しているようですが、一方で周りの子たちはあまり勉強していないので、クラスメイトと距離ができてしまっているようです。

それについて、最近は、

「卒業まであと少しだから人間関係に悩むより合格を取る。落ちるほうが嫌だから気にせずギリギリまで頑張る」

と、言っています。

親の私としては複雑で、子どものメンタルが心配です。

本音なのか本当に開き直って勉強に邁進しているのか…。

どう声をかけたら良いのかアドバイスいただけたらお願いします。

A

まず、勝負でそれだけ頑張れる子なら、今後人生必ずうまく行きます。

学力・偏差値よりその姿勢が素晴らしいと思います。そんな子に育てた保護者様と、育ったお子様を、本当に尊敬いたします。素晴らしいですね！
保護者様がお子様に伝えるべきメッセージは2つだけだと考えます。

❶「私はあなたの味方だ」
❷「あなたは素晴らしい」

の2点です。

「家族全員、全力で、頑張るお前を応援するぞ」
「クラスの雰囲気に流されず学習するのは、立派だし、誇るべきだ」
というメッセージを、お子様に強く発し続けていただきたいと思います。

受験は孤独です。お話を伺った限りではいっそう孤独な戦いです。味方がいるのは心強いはずです。

そもそも、高校入試で偏差値70というのは、およそ上位3％未満です。極めて高い壁へのチャレンジです。クラスが30人いるとしたら、そのうち上位1人。一般的な中学に通っているなら、残念ながら、周りに合わせていては受かりません。残り29人とは一線を画する圧倒的な学習をしなければなりません。孤独な受験になるのが、通常といえます。

だから、お子さんはそれで正しい！　受験の勝利、心から応援しています。

Q2

「リスニングを伸ばすには？」

Q

公立偏差値65の高校に行きたいです。
ですが現在、英語のリスニングが半分くらいしか取れません。
今からリスニングを伸ばせますか？
どうやったら伸びるか教えてください！

A

リスニングが伸びないとしたら、もしかすると、「実際に発声してみる」練習が不足しているのかもしれません。原則、自分で発音できない単語は聞き取れません。実際に自分で発声できて、初めてその単語が聞こえるようになります。

と偉そうなことを言いつつ、私自身、先日、「ほみーほみー」と外国人の方が言っていて、何を言いたいのか聞き取れませんでした。何のことはない、「ハンドメイド＝手作り」と言っていたのです。こんな簡単な単語も「handmade」と、ちゃんと一度自分で発音してみないと、なかなか聞けるようになりません。

以下に、リスニングのお勧め学習法をご案内します。

❶一度解いたリスニングの問題は、リスニングの台本を見ながら、実際の音声に合わせて、音読する。

❷台本を見なくても、一言一句聞けるようになるまで聴き込む。

こちらを徹底してやりこむことで、必ずリスニングはできるようになります。後はやはり回数をこなすことです。英検の過去問などを利用して、たくさん解きましょう。

Q3

「入試問題の正しい解く順番とは？」

Q

東京都在住の高3生です。

共通テスト英語の解く順番について質問いたします。

とある動画で、

「英語は大問5→4から解き始めたほうが良い」

と言っているのを見ました。

しかし一方で
「解く順番は、英語脳を徐々に働かせるため、頭から解くべき」

解く順番についてどのようにお考えになりますか？と違う人が言いました。

A

意見が分かれるテーマだと思いますが、やはり最終的には「人による」と思います。何度か共通テスト形式の問題を解いてみて、自分で一番「失敗しないと思う順番」で解きましょう。市販の「2021年度用共通テスト実戦模試（Z会）」などは、6回分の問題が載っているのでお勧めです。

私の考えとしては、原則として最初から順に解くことをお勧めします。「後半から解くべき」派の方は、配点が高いから後半から解いたほうがいい、と言いたいのでしょう。しかし、後半は配点も高いですが、正答率も低いです。試験が始まってすぐ、難しい問題から始めるのはリスクが高い気がします。

前半の問題は、配点も低いですが、かかる時間も圧倒的に短いです。ここでしっかり正答を選び、弾みをつけて後半の問題に臨むのが良いと思います。

とにかく共通テストは時間の割に問題が多く、正確な速読力が試されます。どれだけ英語が得意な人でも、前準備なしで受験するのは厳しいはず。練習量がものを言います。他にやることも多く大変かもしれませんが、受験生なら週に最低1度は、時間を計って共通テストの問題を解く、というペースを保ちたいところです。地道な積み重ねが重要です。

余談になりますが、旧センター試験よりも、今の共通テストはより「ＴＯＥＩＣ」に似てきた印象を受けます。ＴＯＥＩＣのスコアはあるに越したことはないので、大学入試が終わったら、なるべく早くＴＯＥＩＣを受けることをお勧めします。おそらく、多くの受験生にとって、入試が終わった直後が一番英語のパフォーマンスは高いはずです。今のウチにいいスコアを出して自信をつけておきましょう。

Q4

「いきなり気力をなくした子供に何をしてあげればいいか」

Q　中2の息子のことでご相談です。
真面目で責任感が強い性格もあり、今まで一生懸命、学校のことに取り組んできました。

が、ここに来てプツンと糸が切れたように気力がなくなってしまったようです。

学校での成績が良いため、優等生と見られることがだんだんとプレッシャーになったり、ノートを頻繁に見せてと言ってくる友達にもはっきりノーと言えない性格で、ストレスが溜まっているようです。
本人は公立トップ校に行きたいと思っているみたいなのですが、秋頃から学校も休みがちでしんどそうです。
親としては見守るしかないと思いつつ、何もできず歯痒い思いです。
また自分からやる気力を取り戻せるようなキッカケ作りはないものでしょうか？

A 二通り、意見を申し上げます。

【第一案】

真面目で責任感が強い子なら、やるべき時が来たら、計画的に学習を進めはじめる、と思います。一言「学習のことはあなたに任せているから」と伝え、「信じて待つ」がまず一案です。

何も言わず、ではなくて、「任せているから」と直接伝えることが大事です。

【第二案】

ただ、不安かとも思いますのでもうひとつの案は「模試を受けてみる」ことです。やる気を出すには「情報」が必要です。おそらく生徒様自身「今何をすればいいか見当がつかない」という状態になっているかもしれません。模試を受ければ、あと何点足りないか、どの科目を受験すればいいのかがわかるので、やるべきことがクリアになると思います。よければ、お近くの教室で模試を受けてみてください。「名門公立高校受験道場」加盟塾が実施している「名門模試」は、難易度も難しすぎず、教科書以上のことを知らないと解けない問題も出題されません。特別な準備も必要ありませんので、ぜひお近くの教室で受験してみてください。もちろん実施塾の塾生でなくても受けられます。

この模試で全教科90点超えていれば問題なし、もし90点を下回っている教科があるなら、その教科を2年のうちに重点的に復習しておきましょう。ここで基礎がある程度仕上がっていれば、今後間に合わないことはないでしょう。

都内のトップ高狙いだとこの模試だけでは不安、と思うかもしれませんので、450点超えてきたら、別の模試にもチャレンジしてみましょう。

Q5

「ケアレスミスを防ぐためには？」

Q

来月、高校受験の子供は地域トップ高を受験します。

内申点、模試の結果ともに良いのですが、最近、数学と国語のケアレスミスが増えて落ち込んでいます。

時間に余裕がないがゆえの焦りなのかもしれませんが、本人もよくわからないそうです。

どのようにアドバイスすればいいでしょうか？

A

プロ野球選手も、年間に数回～数十回、守備のエラーをします。守備のエラー確率を減らすために、毎日毎日、厳しい反復練習を積み重ねます。その練習量たるや壮絶なものです。前提として、ミスは簡単に減るものではありません。大変苦労しているお気持ち、お察しいたします。

まずエラー確率を減らすためには、とにかく反復練習をさらに積み重ねることです。必ず試験本番と同様に、問題を解くときは、時間を計って解きましょう。同じような問題を、緊張感ある状態で真剣に解くことを繰り返せば、ミスは減らせます。

とはいえ、何も対策なしで反復しても、ミスを繰り返してしまうかもしれません。追加の作戦としては「分析ノート」作成でミス形式を強調（第1章「4 NG学習法③」を参照）し、再発防止に努めることをお勧めします。

ミスを「ケアレスミス」と一言で片づけてしまわずに、「どんなミスをしたのか」「次はどうすればそのミスを防ぐことが出来るか」をなるべく大きい文字と目立つ色で書きます。大げさに言えば、本当に繰り返したくない計算ミスなどだったら、ノート1ページ使って大きく書いてもいいくらいだと思います。それで本番で2～3点上乗せできるなら、ノートがもったいないということはないはずです。

何度も同じミスを繰り返すなら、試験開始と同時に問題用紙の余白に「○○をするな！」と書いてから始めるとよいでしょう！　それでミスは減りますよ。工場に勤めている人が、ミスを減らすために「指さし確認」をするのと一緒です。

国語と数学で、指さし確認。やってみましょう。

おわりに

貴重な時間を使って読んでいただき、ありがとうございました！

最後に、私からのお願いです。

皆さんには、次の質問に対する答えを、持って欲しいと思います。

君は、何のために学習をしているのか？

最後の最後、受験対策がうまくいくかどうかは、才能よりも、気持ちの勝負です。

「どれだけ本気でその高校・大学に入りたいと思っているか」で、決まります。

自分が学習することの意義を知っている生徒は、最後の最後で粘れるため、最終的に強いのです。

一度じっくり、考えてみて欲しいのです。

以下は私の個人的な考えです。

学習の効果とは、「自由」が得られることです。

1つ目は「収入の自由」。

収入が増え、行動が自由になります。

好きな道具を使い、好きな家に住み、好きなサービスを購入できます。

自由なタイミングで、好きな場所に旅行に行ったり、離れた家族や友人に会いに行けます。

今すぐ卒業してコンビニでバイトしたら時給1000円、市役所に勤めたら時給3000円、もっと価値の高い職業だったら時給5000円。

もちろん人生お金がすべてではないとはいえ、この差は大きいですよね。

2つ目は「職業の自由」。

選べる職業の幅が増え、仕事選びが自由になります。

とてもブラックなひどい職場に入ったら、我慢して体を壊す前に辞め、次のもっと良い職場を探すことができます。

やりたいことを追求するために、独立して自己実現できます。

周りに縛られず、自由に人生を選択できるようになります。

3つ目は「貢献の自由」。

いい仕事をし、人に喜んでもらえます。

困っている人を、自分の能力で、助けることができます。

昔は完全年功序列の会社が強い時代もあったかもしれませんが、時代は変わりました。

勢いがある会社では、能力がある人は、より責任ある立場につき、よりエキサイティングな仕事に携わるようになります。

人は、自分の思う通りの人生を生きるべきだと言います。学習を重ね、さまざまな経験を積むことで、みなさんは自分の価値を高め、より自分らしい人生を生きることができるはずです。

自分の能力をフルに生かしましょう。

自分のやりたい仕事で、存分に稼ぎましょう。

存分に社会貢献をしましょう。

みなさんは、どう生きるかを自由に選ぶことができます。

「頭が良い人間は、逆に仕事ができない」

「学歴などまったくあてにならない」

などなど、学習することを軽視する言葉が、世の中にあふれています。

もちろん大嘘です。確かに偏差値だけ高くて仕事ができない人もいたかもしれない。しかしその人は正しい学習法で学んでこなかったか、社会人になって学ぶことをやめてしまったか、どちらかでしょう。本来正しい学習には、みなさんの仕事をより輝かせる要素がたくさん詰まっています。大事なのは**正しく学ぶこと**と、**学び**

続けることです。

人類は学習して前進してきました。皆がもっと学習すれば、日本人の仕事レベルはより向上し、より生産性が高まり、残業は減り、給与は上がり、やりがいをもって働ける人が増えるでしょう。

Sky is the limit!!　限界はありません。

学び続け、成長し続け、自由を勝ち取りましょう。

皆さんが、自由に生きて、人生を楽しんでくれることを、心から祈っています。

＊＊＊＊＊＊＊＊＊＊＊＊＊＊＊＊＊＊＊＊＊＊＊＊

私は「正しい学習法」「学習の意義」について、より多くの生徒の助けになる答えを探しながら、講師の仕事を行ってきました。この本では、現時点での個人的な考えを述べさせていただきました。

その通り！　と思うところ。

そうは思わない！　というところ。

参考になったところ。

伝わりづらかったところ。

こんな内容を記載して欲しかったというところ。

忌憚なくご意見頂ければ幸いです。学生の皆さん、保護者の皆様、同業者の皆様からの、ご意見をぜひお待ちしております。

メール宛先：academytowada@gmail.com
公式LINE＆Facebook：「さくらアカデミー」で検索願います。

昔から本を読むのが好きでした。いざ自分が書く機会をいただいたとき、伝えたいこともたくさんあるし、教室運営の経験もたくさんしてきたので、書こうと思ったらすぐに一冊書けるだろうと思っていました。

しかし、自分で書いてみて初めて、本を書くことがこれほど大変だということを知りました。本を書いている方へのリスペクトも、より高まりました。今後は、趣味の読書において、本を一層大事に読んでいきたいと思います。
そして、以下のみなさんの助けなしでは、完成させることは絶対に不可能でした。

◆教室に通っていただいた、生徒様・保護者様。生徒の皆様を私が育てたというよりは、私が育てられました。通塾いただき心から感謝申し上げます。サービス向上のため、より一層頑張ります。

◆相談させていただいた、同僚講師・先輩講師の皆さん。小学校・中学校・高校の先生方。数多くの視点をいただき、本当にありがとうございます。地域のために、日本のために、より一層の成長を目指します。

◆出版実現に向けて動いていただいた、有限会社インプルーブの書籍出版コーディネータの小山睦男先生。小山様との出会いなしでは、今回の出版はありませんでした。サポート心から感謝いたします。

◆日々進捗をサポートしてくださった、スタンダーズ株式会社の 河田様はじめ編集のみなさま。出版の機会を与えていただき、心より感謝申し上げます。

◆育ててくれた両親。目標の達成をサポートしてくれたことを感謝します。

◆いつも支えて貰っている家族へ。土日も祝日もテスト対策・模試と出社ばかりでごめんなさい！　寛大な家族のおかげで、何とか一冊完成させることができました。

共に学び、共に成長し、共に人生を楽しみましょう。

【新規講師採用・独立教室長制度について】

◆さくらアカデミーでは、「教室長」「講師」の採用を行っています。塾の講師に興味があるけど、ブラックそうで不安、少子化だし将来が不安、という方は、いつでもご連絡ください！　塾の良い面・悪い面すべて、私および社員が正直にご案内します。

◆さくらアカデミーでは、「独立教室長制度」を運営しています。学習塾をやってみたいという方には、さくらアカデミーのノウハウ・引落システムなどをすべて提供し、一番困難な生徒募集から、重要な物件選びやホームページ作成など、全般をサポートします。ご相談ください！

小笠原一樹

Kazuki Ogasawara

1981年生まれ。青森県十和田市出身。東北大学日本史研究室卒。進学塾・学習塾「さくらアカデミー」代表。

栃木県・福島県の県内No.1塾で計10年間修業後、2014年7月に独立。

今までの成績向上ノウハウを結集した進学塾「さくらアカデミー」を立ち上げる。

成績向上・合格実績が評判を呼び、最初は8名だった生徒数は1年後に103名に、2年後に156名になる。

地方の小都市にも関わらず、現在本部教室の244名(2020年10月時点)をはじめ各教室に大勢の生徒を抱える。

●十和田の学習塾、進学塾の【さくらアカデミー】
https://www.sakura-academy.info/

国公立大合格率91%! 東北の小さな人気塾が教える

大学・高校受験
すぐに成果が出る! 勉強の方法

2021年3月30日　初版第1刷発行
2022年9月30日　初版第3刷発行

著　者　小笠原一樹
編集人　河田周平
発行人　佐藤孔建
印刷所　三松堂株式会社
発　行　スタンダーズ・プレス株式会社
発　売　スタンダーズ株式会社
〒160-0008
東京都新宿区四谷三栄町12-4 竹田ビル3F
営業部　Tel.03-6380-6132　Fax.03-6380-6136